전봉건 서거 20주년 기념

전봉건 시 연구

全鳳健

• 이성모

도서출판 월인

책머리에

2008년 10월, 「서거 20주년, 시인 전봉건을 다시 읽다」 학술세미나가 「문학 · 선 작가회의」의 주최로 동국대학교에서 열렸습니다. 그날 주제 발표에 나선 제 앞에 가을비가 후두둑 스치고 지나갔습니다. 「전봉건 시 연구」로 박사학위를 받고 10년의 세월 역시 순식간에 흘렀습니다. 게으름과 세상의 번잡함에 휘둘려 화살처럼 보낸 세월이 목덜미에 꽂혔습니다. 스스로에게는 부끄럽고, 시인 전봉건 선생에게는 죄스런 마음입니다. 이제야 단행본으로 내는 저를 용서하지 마십시오.

이 책은 시인 전봉건을 되살려 밝히는 데에 뜻을 두고 있습니다. 뜻을 펼쳐 본 결과, 그는 '이미지' 시인이며, 동시에 '생명'의 시인으로 갈무리되었습니다. 시의 본령이라고 할 수 있는 이미지를 전 생애에 걸쳐 심화 · 확대한 시인이라는 것이지요. 초기에는 관념을 바탕으로 한 이미지의 시적 패턴을 보이기도 하지만, 후기의 시적 성숙에 이르러서는 관념을 배제한 시의 이미지가 갖는 시적 가능성을 열어준 시인입니다. 소리와 영상으로서의 이미지를 총체화 하는 것과, 심지어 이미지 자체도 해체시켜야 진정한 이미지에 든다는 세계를 펼쳐준 시인이 바로 전봉건이라는 것입니다.

다른 하나는 그의 시정신입니다. 그의 시의 원형은 '생명'에 있습니다. 초기시에서 절제된 가운데 움트고 있는 야생의 생명력을 표출하는 것을 출발점으로 하여, 전장 체험시에 있어서는 인간의 무력함과 삶의 본능을 진솔하게 드러냄으로써 인간 생명의 가치로움이 갖는 진정한 의미에 접근하고자 했습니다. 전쟁후 타나토스적 세계에 대한 에로스적 욕망을 내면화하는 과정을 거치면서 생명의 원형질로서 몽환에 깃드는 시적 시도와 실험이 돋보이기도 했습니다. 사물들이 꿈꾸는 세계와 살아있음의 에로스적 욕망을 교감의 이미지로 실현하는 시의 길. 눈에 보이지 않지만 그 무엇인가가 있다고 여겨지는 생명의 혼이 깃들어 있다는 후기시의 인식도 결국은 그의 시가 지향했던 생명의식의 완성이라고 보았습니다.

아쉬운 점은 시인 전봉건의 시적 성과에 대해 한국현대시문학사의 이랑과 고랑에서 두엄조차 되고 있지 못하다는 것입니다. 시 한 알이 썩어 싹을 틔우고 꽃과 열매를 얻지 못하더라도 두엄조차 되지 못한다는 것은 참으로 서글픈 일입니다. 생전에 『현대시학』지를 이끌면서 어려운 형편에 있음에도 불구하고 골방같은 사무실을 지키고 있었을 그이를 떠올려 봅니다. 본인은 그이를 만난 적도 『현대시학』지와도 어떠한 인연도 없습니다. 오로지 그이를 만난 것은 그이의 시를 통해서였습니다. 본인의 작은 책이 그의 시를 이해하는 하나의 씨알이 되었으면 합니다. 더 나아가 그의 시가 우리 현대시의 시적 자장을 넓히고, 시적 장력을 확보해가는 길에 예사롭게 지나쳐서는 안된다는 공동 인식에 닿았으면 하는 바람입니다.

이 책을 내는 데 이르기까지 문학은 저의 삶의 큰 스승과 같았습니다. 콧수염을 깎기에 어중간하던 시절, 외우 김동빈은 "본질은 실존에 선행한다."며 "곱사등이의 등뼈를 바르게 하는 것만이 최선이 될 수 있는가?"라는 화두를 내게 주었습니다. 누구나 그러하듯이 대학 시절, 사랑과 죽음의 양극단에서 감정의 사치와 혼돈에 빠져있을 때, 최동호 스승은 마산 장군동 시장 선술집에서 삶의 가난함과 자신이 채워나가야 할 삶의 길을 깨우쳐 주셨습니다. 본디 성벽이 강파르고 모난 저를 다듬어 주신 큰 어른은 신상철 스승과 김영태 스승과 조진기 스승이셨습니다. 부끄러운 일입니다. 지금껏 제자에 대한 스승의 사랑은 끝이 없는데, 제자는 스승의 너른 언덕 언저리에 겉돌고 있으니 말입니다. 부산대학교 대학원에서 김준오 스승은 지도교수로서 시에 대한 가르침을 주셨습니다. 당시 동학이었던 외우 권택우는 모자람이 많은 저에게 늘 큰 힘이 되어주었습니다. 35년 지기 백남오는 저의 분신입니다. 감사드립니다.

도서출판 월인은 숱한 세월동안 출판사에 초고를 묵혀둔 저를 용서하시고 책을 펴내주셨습니다. 박성복 사장님과 최형필 상무님을 비롯한 편집부 여러분께 감사드립니다.

어머니 스물한 살에 뜨내기 장꾼들이 임시로 비 정도를 피하는 김천역 근처 쪽방에서 홀로 저를 낳으셨습니다. 가마니때기에 창호지도 없는 봉창으로 쏟아져 들어오는 함박눈을 얼굴에 고스란히 맞으면서 당신께서 탯줄을 자르셨는데, 변변찮은 자식으로서 늘 아립니다. 사랑하는 어머님과 아내와 인석 동현에게 작은 위안이기를 바라는 마음으로 이 책을 드립니다.

2009년 3월
고향 마산에서
이성모

목차

1. 서론

1.1. 연구사 검토와 문제 제기

전봉건은 1950년 등단 이래 1988년 타계할 때까지 1권의 연대 시집과 6권의 시집, 그리고 7권의 선시집에다 시론집과 산문집 각 1권을 내었다.[1] 그에 관한 연구는 1988년 타계를 전후하여, 이전에는 작품과 시집에 대한 단평 혹은 평론과 소논문이 대부분을 차지하는 반면, 이후에는 학위 논문들과 소논문들이 연구의 주류를 이룬다. 전봉건에 대한 단평이 많은 까닭은[2] 그가 발표한 시의 문학적 자장이 당대의 관심을

---

1) 다 들어 보면 아래와 같다.
연대 시집 : 김종삼 · 김광림 · 전봉건, 『戰爭과 音樂과 希望과』, 自由世界社, 1957. 시집 : 『사랑을 위한 되풀이』(春潮社, 1959), 『春香戀歌』(成文閣, 1967), 『속의 바다』(文苑社, 1970), 『피리』(文學藝術社, 1979), 『北의 고향』(明知社, 1982), 『돌』(現代文學社, 1984). 시선집 : 『꿈속의 뼈』(槿域書齋, 1980), 『새들에게』(高麗苑, 1983), 『全鳳健 詩選』(探求堂, 1985), 『사랑을 위한 되풀이』(혜진서관, 1985), 『트럼펫 천사』(語文閣, 1986), 『아지랑이 그리고 아픔』(惠園出版社, 1987), 『기다리기』(文學思想社, 1987). 시론집 : 『시를 찾아서』(靑雲出版社, 1961). 산문집 : 『플루트와 갈매기』(語文閣, 1986).

2) 전봉건의 작품에 대한 관심이 끊이지 않고 이어져 오는 데에 연결고리와도 같은 것이 단평이다. 1950년대 그의 작품은 전장 체험시를 논하는 자리에서 거의 빠짐없이 거론되어 왔으며, 1960년대 대표작인 『춘향연가』는 김종길, 김흥규, 오세영의 평론에서, 『속의 바다』는 박석기의 평론을 비롯하여 김춘수의 월평 등에서

끊임없이 받아 왔던 데에서 기인한다. 이는 전봉건 스스로가 자기다운 시적 정체성을 견지하면서 그 나름의 시적 확산을 계속해 왔다는 것을 의미한다.

전봉건의 시적 정체성은 이어령이 전후시의 전형적 특징을 논의하는 자리에서 말했듯이 "행동이 끝나는 데서 언어가 시작되는 테크니시앙의 면모와 동시에 언어가 끝나는 데서 행동이 시작되는 레지스땅스의 면모를 함께 하고 있는 것이 전봉건의 시"[3]라는 지적에서 확연히 드러나고 있다.

아울러 김춘수 역시 전봉건을 "훌륭한 테크니샹"이라고 하면서, "후반기 동인들은 심미의식이 보다 강하다고 한다면, 전봉건씨는 심미의식이 강하기는 하나 휴매니스틱한 인생론에 있어서도 강렬한 것 같다"[4]라고 지적한 바 있다. 즉 기교주의자이면서 휴머니스트로서의 면모를 함께 아우르고 있는 것이 전봉건 시의 정체성이라는 것이다. 언

다루어졌다. 1970년대 들어 그의 작품에 대한 평론과 소논문이 잇따르면서, 특정 작품에 대한 시적 의의와 평가라는 차원의 단평들이 부수적으로 발표된다. 이를테면 최원규는 「전봉건의 '말' 5편」(『현대문학』, 1974.4)에서 시작 방법의 새로운 장력과 활력을 모색하는 것으로 평가하였으며, 같은 시기에 발표된 전봉건의 「북」에 대해서 김여정은 「전봉건의 '북. 6'」(『심상』, 1975.1)에서 관능으로서의 원색적인 생명력이 소재에 밀착한 작품으로 추켜세우고 있는 것을 들 수 있다. 전봉건의 「근작 삼편」에 대해서는 정의홍이 「전봉건의 근작 삼편」(『월간문학』, 1979.8)을, 김현이 「종다리의 시학」(『현대시학』, 1980.6)을 통해 논의하였다. 1980년대는 전봉건에 대한 평론, 혹은 소논문들과 더불어 특정 작품 쪽보다 시집에 대한 단평들이 주를 이룬다. 이경수, 「없음을 통한 있음의 세계」, 『피리』(문학예술사, 1979), 이영걸, 「전봉건 시집 『꿈속의 뼈』」(『한국문학』, 1980.4), 「진실과 표현-전봉건 시집, 『북의 고향』」(『현대시학』, 1982.11), 윤재근, 「황홀한 체험-전봉건 시집 『돌』을 중심으로」(『현대문학』, 1984.12), 조창환, 「돌과 자아정화 체험-전봉건 시집 『돌』에 대하여」(『현대문학』, 1985.4) 등을 대표적으로 들 수 있다.

3) 이어령, 「戰後詩에 대한 노오트 二章」, 『韓國戰後問題詩集』, 신구문화사, 1957. 324~326쪽.

4) 김춘수, 「戰後 十五年의 韓國詩」, 위의 책, 309쪽.

뜻 별개의 것으로 여겨지는 이러한 이원적 양상은 이미지의 세계에서 서로 넘나들거나 통합하는 모습을 띠고 있다.

전봉건은 '이미지 시인'이다.[5] 그는 이미지가 시의 바탕을 이루는 본령이라는 점에 충실한 시인 중의 한 사람이다. 시의 상징이 관념을 앞세우거나 배제하거나 하여 추상화된다면, 이미지는 관념 자체가 무의미하거나 배제되어 구체화된다. 특히 자신의 삶이 무의미의 연속이거나, 어떠한 관념도 끼어들 자리가 없는 경우라면 그에게 남아 있는 상실을 채울 수 있는 것은 이미지 밖에 없다. 황폐화한 현실과 맞닿은 공허한 인간의 삶에 깃들 수 있는 유일한 것은 이미지이다. 우리를 둘러싼 세계의 형상이 진정성을 잃어버린 자리는 휴머니즘이 말살된 곳이다. 그 곳에서 전봉건은 이미지로써 상실을 채워나간다. 따라서 이미

---

5) 전봉건을 '이미지 시인'이라고 유별나게 잡은 까닭은 다음과 같으며, 상세한 논의는 본론에서 언급할 것이다.

첫째, 그는 '이미지의 진정성'에 대해 누구보다도 집착한 시인이다. 이른바 "이미지는 시인이 본 것이며, 들은 것이고, 세계에 대한 시인의 비전과 경험에 대한 진솔한 표현이다"(옥타비오 파스, 『활과 리라』, 김홍근 · 김은중 역, 솔, 1998, 141쪽)라는 생각인데, 전봉건은 이것을 자신의 시론을 통해 황폐화된 현실과의 대결과 치열한 교섭, 혹은 공허감을 딛고 던지는 생명력으로서의 꿈, '바깥의 현실'에서는 허구이지만 '이쪽의 현실'에서는 진정한 실체로서 본래성으로서의 형상을 얻는 행위로서 강조하고 있다. 전봉건, 『시를 찾아서』, 청운출판사, 1961. 148~173쪽.

둘째, 전봉건 시의 이미지는 독립된 형태로서의 이미지라기보다 유기적 상호관계를 맺고 있는 이미지群을 형성하고 있다는 점이다. 반복되는 정서와 태도 혹은 변주들을 유형화할 수 있을 정도인데, 이러한 이미지 분석을 통한 指數批評, 주제비평이 용이할 정도이다.

셋째, 전봉건은 시를 이루는 구성요소 중에 가장 중요한 것을 이미지라고 생각하는데, 그가 생각하는 시의 이미지란 "빛깔과 소리와 내음을 지니는 확고하고 절대의 상태로서, 이것은 상상 속에서의 계산이 결과하는 것이기 때문에 시인 자신도 설명과 해설이 불가능한 경이의 경지"(전봉건, 위의 책, 118~119쪽)를 말한다. 궁극적으로 그가 이루고자 했던 '우주와의 일체화' '전일성으로서의 이미지'를 시에서 실현해 보고자 일관되게 노력한 점을 주목했기 때문이다.

지스트로서 테크니샹의 면모는 곧 그가 지향하는 휴머니즘의 시정신과 하나가 되어 나아가는 것이다.

초기에 가졌던 이러한 시적 면모는 그의 시의 정체성이며 동시에 시의 원동력으로서 전 생애를 관류한다.

따라서 전봉건에 대한 앞선 연구는 두 가지의 경우를 동시에 아우르면서, 각각의 경우 중 한쪽을 논의의 중심으로 앞세워 접근하는 경향을 띠면서 전개되었다. 하나는 그의 시에 나타난 휴머니즘적 면모에 대한 접근이며, 다른 하나는 그의 시의 이미지에 관한 연구가 그것이다.

전봉건 시에 드러난 휴머니즘에 관한 논의는 전봉건의 전장 체험시가 갖는 시적 의미와 연계하여 가장 많이 연구된 것이다. 문혜원은 "기획투사 행위로서 사랑이 전봉건 시의 실체이며, 그 사랑은 전쟁의 상처를 치유하고 서로의 믿음을 회복할 수 있는 방법으로써 타자를 인정할 뿐만이 아니라 그들과의 적극적인 화해를 시도하는 방법으로 선택된 것"[6]이며, 그 바탕에는 생명력의 영구 불변함에 대한 믿음이 내재하고 있는 것으로 보고 있다. 문혜원의 논의는 전봉건의 전장 체험시에 대한 전형적인 해석이며, 많은 연구자들이 정도의 차이를 보이고 있으나 공유하는 인식의 한 틀이기도 하다.

"전쟁의 비극적 상흔을 극복하려는 전봉건의 사랑은 스스로의 인간과 시를 구원받으려는 정신적 노력으로 해석할 수 있으며, 따라서 그의 시의 애상적 특질은 전후 서정의 중요한 한 특색이 자기 위안과 만족으로서의 서정이라는 점을 제시해 준 것"[7] "전쟁이라는 극한 상황

---

6) 문혜원, 『한국 현대시와 모더니즘』, 신구문화사, 1996. 96~101쪽 참조.

7) 김재홍, 『한국전쟁과 현대시의 응전력』, 평민사, 1978. 93쪽. 김재홍이 이 책에서 전봉건의 시를 센티멘털리즘의 애상적 서정으로 본 것은 논란의 여지가 있다.

속에서 죽음과 맞선 개인의 절망의식과 불안이 밝음과 삶의 기쁨으로 바뀌며, 생명의 질서와 기쁨으로 극복되고 있는 것"[8] "그 어떤 관념성 같은 것의 혼란을 지양하고 오직 리얼하게 전쟁의 상황을 제시하는 가운데 더욱 성숙해지는 사랑으로서의 전장 체험시는 전봉건의 시세계의 무의식적 원형과도 같은 것"[9] "인간의 진정성을 말살하고 파멸시키는 전쟁의 부조리성과 이데올로기의 허구성을 시적 유희의식을 통해 해체적인 방식으로 보여 준 것"[10] 등이 대표적 논의라 할 수 있다.

오세영은 전봉건의 시를 관류하는 주제 의식을 '사랑'에 두어 "사회적 존재와 관련될 때, 그런 사랑은 공동체적 박애, 즉 휴머니즘을 지향하게 된다. 『사랑을 위한 되풀이』의 세계가 그러하다. 개인적 존재와 관련될 때 그것은 이성애, 즉 에로스를 지향한다. 『춘향연가』의 시세계가 그러하다. 생명 탐구와 관련될 때 그것은 생명애로 지향한다. 『속의 바다』의 시세계가 그러하다"[11]라고 하였다.

전봉건의 전장 체험시를 중심으로 한 이러한 논의의 축은 황폐화된 현실에 대한 응전으로서 사랑의 회복이며 화해와 생명력의 신념을 근간으로 한 휴머니즘이다. 그리고 그의 전장 체험시가 한국 현대시사의 한 전형을 이룬다는 점에서 논의의 진폭을 더해 왔다는 점도 사실이다.

아쉬운 점은 그의 전장 체험시에 대한 해석의 문제이다. 단순한 현실 반영의 전장시로 읽을 것이 아니라, 개인이 자신을 둘러싼 상황을 어떠한 시적 상상력으로 재구축하여 바라보고 있는가에 대한 논의로

척박한 현실을 딛고 스스로가 일깨우는 생명력을 향한 의지로서의 시적 상상력이 전봉건의 시적 실체라는 점이 일반적인 논점으로 형성되어 있는데, 그 논점과 맞서기 위해서는 김재홍의 논의가 보완 수정되어야 한다고 본다.

8) 이철범, 「한국 전쟁의 시적 표현」, 『현대시학』, 1971.11. 127쪽.
9) 이승훈, 「한국전쟁과 시의 세 양상」, 『현대시학』, 1974.5. 57~61쪽.
10) 조영복, 『한국 모더니즘 문학의 근대성과 일상성』, 다운샘, 1997. 244~252쪽.
11) 오세영, 「장시의 다양성과 가능성」, 『현대시학』, 1988.8. 55쪽.

접근해야 할 필요가 있다. 말하자면 충격으로서의 현실 체험도 있겠지만, 더 나아가 그러한 현실을 시적 변용을 통해 나름대로 해석하고 스스로를 일으켜 세우는, 시적 자아의 실존적 의지도 중시해야 할 것이다. 요컨대 개인에게 '있었던 세계와, 있는 세계는 물론, 있어야 할 세계가 관류하는' 가운데 그의 작품을 읽어야 온당할 것이다. 대부분의 연구자들은 그의 시에 나타난 세계의 모습은 중시하면서도, '인간으로서 스스로의 가치' 문제에 대해서는 소홀했던 경향이 없지 않다. 전쟁과 맞닥뜨린 상황 속에 인간은 어떠한 생각과 행동을 하며, 스스로의 인간적 가치를 어떻게 모색하는가라는 점에 주목해 보아야 한다.

한편으로 제기되는 문제는 1950년대 전장 체험시를 그의 후기 시집인 『북의 고향』과 『돌』, 그리고 연작시 「6.25」와 연계하여, "6.25체험을 어느 누구보다도 지속적으로 아름답게 노래한 시인"12)이라고 추켜세우거나, "반복에 의한 길 찾기와 기계적인 메커니즘의 무자각적인 형식으로 시의 격이 떨어지고 있는 것"13)이라고 폄하하는 논의가 제기되는 경우이다.

물론 6.25 전쟁 체험이 그의 시의 원형적 패턴이라고 하더라도, 자칫 우리 시사에 '전형적인 6.25 시인' 정도로 시적 외연성을 좁힐 우려가 있으며, 더욱이 자신의 논점에 합치되는 시만을 골라서 스스로의 논의를 강화시키는 방향으로 텍스트를 해석하여 '무자각적 되풀이' 정도로 폄하하는 태도는 지양되어야 한다. 시는 본질적으로 어떠한 지향성을 띠게 되고, 내용상으로는 정신의 질곡이, 형식상으로는 시도와 실험으로서의 변주가 따르게 마련이다. 모든 것을 수렴하면서 총체적인 텍스트로서 시에 접근해야 한다. 즉 아무리 특정 작품이 시의 한 전형을 보

12) 이승훈, 「6.25 체험의 시적 극복」, 『문학사상』, 1988.8. 258쪽.
13) 조영복, 앞의 책, 260~261쪽.

이더라도, 단편적인 몇 편의 시만을 대상으로 재단하는 태도는 지양되어야 할 것이다. 특히 주관적으로 판단한 질량의 차이로 전봉건의 '6.25 체험시'가 중시되고, 여타의 시[14]를 주목하지 않은 것은 전봉건 시연구에 있어 남겨진 문제점이다.

전봉건 시 연구의 다른 하나로서 근간을 이루고 있는 것은 그의 시의 이미지에 관한 연구이다. 대개 전쟁, 황폐화된 현실, 아픔, 고통, 상처 등의 현실에 대한 대응으로서의 표현을 시적 형상화의 원리로 밝혀 나가는 작업인데, 대부분의 논의가 이미지 변용에 기대어 해명하고 있다.[15] 사실 전봉건의 경우만큼 대립적 이미지의 병치와 동시에 변증법

---

14) 이때 여타의 시란 전장 체험시, 분단의 아픔을 노래하거나 실향의식에 젖어 있는 시를 제외한 의미에서 말한 것이다. 예를 들면 중기에 전봉건 스스로가 이전의 시와는 다른 새로운 시적 시도와 실험을 행하고자 하는 의욕 속에 썼다고 하는 연작시 「속의 바다」, 「마카로니 웨스턴」, 장시 『춘향연가』로 대표되는 일군의 시와 '새'로 표상되는 세계에 관한 일련의 시를 말한다. 아울러 이에 대한 연구사는 논의의 번거로움을 피하기 위해 각론에서 다루었음을 밝혀 둔다.

15) 전봉건에 관해 가장 많은 연구를 한 이승훈의 논의가 그 전형이라고 할 수 있다. 전봉건 시에 드러난 '꽃과 피, 빛과 물, 새와 돌의 상상력, 추락과 상승, 꽃과 피의 변증법을 좇아 해석하는 이승훈의 이미지 현상학은 이후의 수많은 연구자들에게 영향을 끼쳐 같은 방법을 따르거나 논의를 보완하는 차원에서 행해져 왔다. 특히 이승훈의 일련의 논문 중에 가장 대표적인 것은 「추락과 상승의 시학」이다. 시집 『새들에게』 해설(고려원, 1983), 215~233쪽. 관련 자료를 발표 연대순으로 추리면 다음과 같다.
홍신선, 「꽃, 혹은 생명에의 원초적인 집착」, 『현대시학』, 1974.5.
이승훈, 「히메로스와 페이소스」, 『현대시학』, 1974.10.
신동욱, 「전봉건론」, 『현대문학』, 1980.9.
이승훈, 「추락과 상승의 시학」, 『새들에게』, 고려원, 1983.
윤재근, 「황홀한 체험」, 『돌』, 현대문학사, 1984.
민병욱, 「전봉건의 서사정신과 서사갈래 체계」, 『현대시학』, 1985.2~4.
하현식, 「사유와 직관의 원근법」, 『현대시학』, 1985.3.
이승훈, 「전봉건의 상처」, 『현대문학』, 1986.6.
조정권, 「하프를 잃어버린 올페우스」, 『트럼펫 천사』, 어문각, 1986.
이형기, 「어둠속을 나는 꿈의 새」, 『기다리기』, 문학사상, 1987.
김재홍, 『현대시와 열린 정신』, 종로서적, 1987.

적 지양을 통한 통합이라는 구조적 원리를 한결같이 지향한 경우도 드물다. 그리고 그러한 이미지의 패턴을 좇아 그의 작품을 해명하면 참으로 자로 잰 듯한 체계적인 논점이 형성되기도 한다. 또한 전봉건 자신도 시의 이미지 변주를 통한 시적 형상화의 논리를 강조한 만큼 주제를 내포하고 있는 이미지의 패턴을 구조적으로 해석하는 것 역시 바람직한 접근 방법이기는 하다.

그러나 문제는 이미지 패턴이라는 시적 형상화의 원리가 지배적 관점으로 제시된 결과, 거기에 합치되는 작품만을 골라서 나열하여 논자의 논거를 정당화시키고 있다는 점이다. 주제의식의 형상화를 이미지 변용에만 기대어 해명할 수 없는 까닭은 다음 세 가지로 요약된다.

첫째, 그가 말하는 "우주와의 일체화"를 지향하는 시적 태도와, 혹은 "열린 세계의 본래적 모습에 스스로 함께 하기"라는 시적 본질[16]을 간과하고 대립적 이미지의 병치라는 겉으로 드러난 패턴만을 구조적 원리로 재편하는 일에만 급급하다는 것이다. 물론 그러한 이미지 패턴의 구조적 원리가 작품 해석에 기여하는 바가 없다는 것은 아니다. 그러나 상승과 하강, 밝음과 어둠이라는 패턴 속에 드는 작품만을 가려서

하현식, 「말과 고절」, 『현대시학』, 1988.8.
이승훈, 「6.25 체험과 시적 극복」, 『문학사상』, 1988.8.
차한수, 「상실의식과 탐구정신-6.25연작시를 중심으로」, 『현대시학』, 1989.6.
박민영, 「전봉건 시에 나타난 불 이미지의 변용 연구」, 이화여대 석사논문, 1990.
______, 「6.25와 북의 고향, 상실의 시적 극복」, 『현대시학』, 1993.6.
강경희, 「전봉건 시연구」, 숭실대 석사논문, 1994.
유명심, 「전봉건 시집 '돌'의 지수적 상징 연구」, 동아대 석사논문, 1994.
강철수, 「전봉건 시연구-시세계 변모양상을 중심으로」, 한양대 석사논문, 1994.
류경동, 「전봉건 시연구-상승 이미지를 중심으로」, 고려대 석사논문, 1995.
문해경, 「전봉건의 시연구」, 경희대 석사논문, 1995.

16) 이러한 관점에서 접근한 김현, 「전봉건에 대한 두 개의 글」은 전봉건 연구에 있어 시사하는 바 크다고 하겠다. 『책읽기의 괴로움』, 민음사, 1984.

해석하다 보니, 전봉건이 궁극적으로 지향하고자 했던 '열린 세계에 스스로 함께 하기'라는, 이른바 대립적 패턴의 시보다 완성도가 뛰어난 작품들을 온전히 바라보지 못하는 논리의 오류를 보이고 있는 것이다.

둘째, 스스로가 말하듯 "새로운 시적 시도와 실험으로서 초현실의 기법 아래 제 멋에 겨워" 이미지의 파괴 쪽으로 몰고 가려던 연작시 「속의 바다」를 비롯한 일련의 시와, "궁극적으로 '시의 말'은 어떠해야 하는가"에 관심을 가진 연작시 「마카로니 웨스턴」을 비롯한 시들에서 제기하고 있는 시적 성찰의 문제[17]가 그의 시양상의 큰 줄기를 이루고 있음도 놓치고 있다. 이는 전 생애에 걸친 한 시인의 시적 여정이 일정한 정신적 줄기와 아울러 다양한 시적 시도와 실험 등이 혼재하는 가운데 전개된다는 사실을 중시하지 않은 데서 기인한다. 그리고 한편으로는 대립적 이미지 패턴만을 천착하다 보니 그 패턴을 벗어나는 작품들을 제쳐 둔 데도 원인이 있을 것이다.

셋째, 무엇보다도 주제 의식의 형상화에 있어 전봉건 자신이 중시했던 멜로디의 소리 체계와 그 완성으로서의 '음악 같은 시'에 관한 논의를 병행하지 못한 점이다. "시인의 상상력에 의해서 그려진, 낱말로 그린 그림"[18]이라는 회화적 이미지만을 강조한 결과이다. 특히 지금까지 시의 소리가 갖는 특성을 운율적인 해석에만 기대어 파악한 나머지, 전봉건이 추구했던 멜로디와 하모니가 함께 하는 시의 소리가 에로스적 상상력과 함께 혼의 전일성을 획득해 나가는 특성을 간과하고 있다

---

17) 이러한 성찰을 중시하고 접근한 김현의 앞선 논문과, 전봉건이 지향하고자 하는 '시의 길'과 '시적 정신'을 '실존하는 삶의 역사성'이라는 명제 아래 수렴한 최동호의 「실존하는 삶의 역사성」, 『아지랑이 그리고 아픔』(혜원출판사, 1987)의 논문은 이러한 맥락에서 눈여겨 봐야 할 논문이다.

18) C. D. Lewis, *Poetry for you*, 이경식 · 이재우 역, 『시란 무엇인가』, 계원출판사, 1980. 44~45쪽.

는 점이다.

한편 전봉건에 관한 기존의 논의 중에는 그가 생각하고 있는 시적 인식과 정신적 태도-즉 '어떻게 써야 하며, 무엇을 써야 하는가'라는 점-와 결부하여 그의 작품을 분석하는 경우를 들 수 있다. 이승훈의 경우 대담 형식을 빌려 제시하고 있으며, 문해경의 경우 자신의 논문에 있어 이 점을 전제하고 있으나 제시만 있을 뿐, 실제 작품과의 긴밀한 연관 아래 적절하게 포착·분석하고 있지 못함이 문제점이라고 하겠다.[19)]

이러한 기존의 모든 연구에서 무엇보다 아쉬운 점은 전봉건에 관한 총체적인[20)] 연구가 없다는 것이다. 주제 의식과 관련한 단편적인 성격의 글이 다수를 점하고 있다는 것은 바꾸어 말해 연구자의 연구 의도에 부합되게 작품들을 재구성하고 나름대로 배열하여 보고 있다는 사실을 반영한다. 그가 쓴 작품들이 당대의 성과들은 당대의 가치에서 평가되고, 때로는 변화와 실험을 모색하는 초월적인 성격들을 간추리

---

19) 본 연구자는 전봉건의 시적 인식과 스스로의 정신적 지향을 토로한 시적 발언을 중시한다. 따라서 논의 전개 중에 그러한 시적 발언을 개입시킴은 물론, 논거의 일정 부분을 그러한 발언에 기댈 것이다. 물론 전봉건의 시적 발언이 그의 시와 무관하게 전개되거나 실제로 드러난 시의 세계와 일정한 거리를 가지고 있는 것에 대해서는 비판적으로 수렴하여 오류를 최소화할 것이다. 허황한 시적 발언이 었거나 연구자가 제대로 검증하지 못하고 접근했을 때의 오류가 없지 않을 것이다. 그럼에도 불구하고 그의 시적 발언에 귀 기울이려 하는 것은 작품을 쓸 때 그가 가졌던 생각과 느낌의 자리에 함께 하기 위해서이다.

20) 여기서 말하고 있는 '총체적'이라는 의미는 시의 출발을 이루는 데서 시작하여 작고할 때까지에 이르는 작품의 총체를 뜻하는 것이다. 그렇다고 그의 전 작품을 대상으로 잡는다는 의미는 아니다. 우리 시사에서 주목해야 했던 작품인데 간과된 시집이거나(『속의 바다』, 『춘향연가』), 전대의 시와 후대의 시를 잇는 거멀못과 같은 작품인데 지나친 작품(「마카로니 웨스턴」 연작, 「꿈속의 뼈」, 「근작 삼편」 등)의 맥을 이어 그의 시의 근간을 온전히 세워보자는 의도에서 말하고 있는 것이다.

는 과정에서 수렴되어야 온전하게 한 시인의 시적 역정을 살펴보았다고 할 것이다.

그런 의미에서 본 연구는 전봉건에 대한 지금까지의 단편적인 연구성과를 수용하고 분석·종합하면서 개진하는, 전 생애적인 연구의 한 시도라는 점을 밝혀 둔다.

1.2. 연구 목표와 접근 방법

접근 방법의 제시에 앞서 전봉건 스스로 다양한 시적 역정에 그 자신을 두고 있음을 직시해야 한다. 그는 시의 소리와 이미지를 다양하게 변용한 테크니시앙이며, 스스로가 말하듯 "제 멋에 겨워 무의식의 단절적 상태"라는 기법을 시의 방법으로 시도했던 모더니스트이며, 때로는 현실에 밀착한 휴머니스틱한 인생론자이다. 또한 우주와의 일체화를 꿈꾸는 에로스적 체험에 심취했던 사람이며, 표상으로서의 세계와 시적 상상력이 꾀하는 세계에 스스로의 몸을 맡기는 시적 표현의 자유주의자이기도 했다.

각각의 경우에 따라, 그가 시를 쓸 때 가졌던 생각과 상상력의 실마리를 잡아 공감으로서의 비평적 관점하에 작품을 해명해야 한다고 생각한다.

따라서 이 논문은 1) 공시적으로 전봉건의 특징적 면모를 언급한 논의를 확대하며, 2) 통시적으로 각 시기별로 정리한 파편화된 논의, 또는 통시적 개관이긴 하지만 중요한 대상을 간과한 논의 등을 지양·극복하는 것을 연구의 목표로 한다. 따라서 통시적으로는 초기에서부터 후기까지의 시를 시적 변용과 심화의 과정으로 살피고, 공시적으로는 각각의 특징적 면모를 감각적 상상력의 문제, 전장 체험, 환상, 에로스, 시적 성찰과 이미지의 심화로 나누어 논의하고자 한다.

2장에서는 전장 체험시 전후에 쓰여진 작품을 대상으로, 그의 시에 나타난 감각적 상상력의 실체를 파악한다. 이른바 '시란 무엇인가'라는 시적 본질에 관한 인식 문제인데, 시의 심미적 특성을 바탕으로 규명할 것이다.

3장에서는 텍스트로서의 전장 체험시 읽기에 있어 기존의 연구에서 제대로 분석하지 못했거나 그가 인식한 전장 체험 부분에 대해 지나치게 휴머니즘의 당위성을 앞세워 추겨 세우는 편향적인 시각을 지양하여, 오로지 '지금, 여기'라는 시적 상황에 입각하여 죽음에 직면한 인간이 느끼는 정황을 읽어내는 데 충실하고자 한다. 이 점은 제네바 학파의 관점을 중시한 것이다. 그들은 '세계-내-존재'로서 현존의 행위와 인식을 함께 하면서도 "문학 작품의 심층 자아는 작가 자신의 심층 자아, 더 정확히 말해서 시적 언어 쪽으로 '건너 온' 부분의 작가의 심층 자아라고 간주한다. 따라서 독자가 할 일은 텍스트 속에 집어넣어진 대로 이 심층 자아의 체험을 사는(live) 것"[21)]이라는 입장을 견지한다. 딜타이(Dilthey)의 '생체험'의 영향에서 연유하는 제네바 학파의 태도를 하나의 접근 방법으로 수용하고자 한다.

전쟁 후 전봉건이 추구했던 이미지의 세계는 그의 문학적 상상력을 밝히는 중요한 실마리가 된다. 이는 문학적 상상력의 근원이 의식의 내면화(Erinnerrung)로서의 존재에 있으며, 하이데거의 말대로 "신의 부재라는 등식 속에 성립된 궁핍한 시대에 살고 있는 현대의 시인은 지금까지 있었던 것이나 눈에 보이지 않는 충만과 풍요로움이라는 현존

21) Robert R. Magliora, *Phenomenology and Literature*, 최상규 역, 『현상학과 문학』, 대방출판사, 1986. 20~21쪽.

을 지향하는"[22] 행위로서 텍스트를 들여다보자는 것에 기인한다.

하이데거에 의하면 실존은 현존재에서의 존재가 '열어 밝혀져 있음'이라 할 수 있다. 하이데거에 있어 존재자는 '내던져져' '처해 있는' 상태에서 '세계-내-존재' 전체에 스스로를 '열어 밝히는' 실존으로서의 존재인 것이다. 말하자면 존재를 존재해야 하는 가능으로서의 존재인 것이다.[23] 그가 말하듯 "상상력에서 나온 문학이란 존재(Sein)의 발현이고, 존재란 모든 존재자(Seienden)의 신비한 밑바탕이 되어주고 있는 현존(Dasein)인 것"[24]이다. 전봉건이 지향하는 이미지의 실체는 이러한 인식의 바탕에서 자리잡은 것이다.

4장에서는 전봉건 스스로가 새로운 시적 시도와 실험이라는 의도 아래 전개하였던 환상적 시의 실체를 가늠하고자 한다. 1960년대 '현대성론'에서 전봉건의 환상적 이미지 기법과 대척점을 이루어 김수영이 제기했던 신념과 사상의 이른바 지성론과의 논쟁에서 상당 부분 김수영을 추켜세우는 쪽으로 치우친 기존의 논의를 바로잡고자 한다. 현실의 질곡을 환상의 자유에서 확보하려던 전봉건의 노력을 중시하는 한편, 단편적으로 다루어져 왔으나, 본격적인 논의가 유보되었던 작품인 연작시 「속의 바다」에서 전봉건이 말하는 새로운 시적 시도와 실험의 의미가 무엇인지를 형식과 내용 면에서 해명한다.

5장에서는 전봉건 시 전체를 관류하는 원형적인 시정신이면서도 전장 체험과 관련해서 논자들이 자신의 견해를 위한 한 방편으로 다루었

---

22) 위의 책, 113쪽. 눈에 보이고 있으나 진정한 존재가 아닌 허상일 수 있으며, 눈에 보이지 않으나 존재의 진정한 모습을 일깨워, 부재를 존재로 채워나가는 내면화를 말한다. 戰後 황폐화된 인간의 공허감과 그를 둘러싼 외연적 세계의 질곡을 넘어서, 전봉건이 구축한 이미지의 세계는 그의 작품 「十月의 少女」에서 하나의 시적 완성을 이루는데, 그러한 일련의 과정을 주목한 것이다.

23) 이기상, 『하이데거의 실존과 언어』, 문예출판사, 1991. 54~118쪽 참조.

24) 맥그리오라, 앞의 책, 19쪽.

던 에로스 체험을 본격적인 논의의 장으로 끌어들여 다룬다. 더욱이 그의 에로스 체험이 상당 부분 섹슈얼리티로 해석되거나 미진하게 다루어진 점을 바로잡고자 한다. 그리고 1960년대 다양하게 시도되었던 장시의 시적 자장 속에 전봉건이 새로운 가능성으로서 모색한 장시 『춘향연가』가 갖는 시적 의미와 형식을 에로스적 체험과의 연계 아래 해명하고자 한다. 기존의 논의 중 갈래 규정의 문제를 재검토하는 한편, 보완의 성격으로서 미학적 특성을 간추려 본다. 특히 이 논의를 통해 멜로디의 음악성에 기초한 시의 소리에 접근한 전봉건의 시적 성과가 우리 시사에서 중점 논의되지 못한 사실을 적시하고, 단순한 운율의 개념을 넘어서 시적 실험으로서 행해졌던 그의 노력을 주목해 보고자 한다. 이는 러시아 형식주의 문학 이론을 비롯한 일련의 연구 성과에 기대어 해명할 것이다.

6장에서는 연작시 「마카로니 웨스턴」을 통해 '진정한 시의 말이 무엇이어야 하는가'라는 데 대해, 1970년대 전봉건이 가졌던 시적 성찰을 살펴본다. 그리하여 전 생애에 걸쳐 추구했던 이미지의 세계가 표상으로서의 세계와 시적 상상력을 거쳐 형상으로서의 이미지를 해체하는 연작시 「돌」에 이르기까지 심화되는 과정에 주목할 것이다. 일련의 시적 의미를 월남 시인의 실향 의식과 진정성의 자각이라는 차원에서 수렴하고자 한다.

전봉건의 시를 해명하는 데 있어 그의 시에 나타난 문학 이미지와 상상력의 관계를 바슐라르의 이른바 형태적, 물질적, 역동적, 원형적 상상력의 미학 체계에 기대어 왔다. 본 연구에서도 우주와의 일체화로서의 만물 조응의 체계를 밝히거나, 표상으로서의 세계와 시적 상상력의 부분에서는 바슐라르의 이른바 '존재 생성의 힘으로서 상상력'의 체계에 힘입을 것이다. 그러나 바슐라르의 이미지 현상학만으로 전봉건 시의 총체적인 해명에 이르기는 힘들다는 생각이다. 그 까닭은 딜타이가 말하는 "문학 작품은 체험-그것은 개별적인 것이다-에서 출발하고 환상(Phantasie)의 활동을 통해 변성되며, 제 2의 세계, 즉 작품의 피안이 생성된다"[25)]는 지적을 중시하기 때문이다. 후술하겠지만 전봉건의 경우 그의 문학적 상상력의 기본축이 환상에 있다고 해도 과언이 아니기 때문이다.

그의 문학적 상상력은 베르그송의 이른바 '가공의 기능'을 다하고 있는 것으로 여겨진다. "죽음 자체에 대한 조악하고 정체적인 지성에 대항하는, 생명력 있는 본능-이는 전봉건 시의 총체적인 현상이다-, 혹은 적응력과 어깨를 같이 하여, 이러한 가공 덕분에 <모든 인간은 죽게 마련이다>는 명제는 의식 속에서 잠재적으로 머물며, 사고라는 거울 속에 상상력이 비추어 내는 구체적인 생의 그림자 뒤로 가리워지는 것"[26)]이다. 부재와 절망의 극한에서 조우한 소환과 희망은 전봉건 시의 패턴이다. 이는 인간 영혼의 변증법적인 활동일 뿐 아니라, 상징적 상상력의 전형이다.[27)]

---

25) Maren Grisebach, *Methoden der Literatur-wissenschaft*, 장영태 역, 『문학연구의 방법론』, 홍성사, 1982. 63쪽. 「정신사적 방법」 참조

26) Gilbert Durand, *L'imagination symbolique*, 진형준 역, 『상징적 상상력』, 문학과지성사, 1983. 129쪽.

27) 이것을 뒤랑은 '구성적 해석학'(herméneutique instaurative)이라고 하여 '환원적 해석학'과 대립시킨다. 즉 후자가 작품의 의미를 정신분석학적 요소인 리비도나 혹은 사회적 역사적 조건들로 환원시켜 보려는 데 대하여, 전자는 그 작품을 쓴 작가의 주체적 의식, 그것의 의도를 찾으려는 데 있는 것이다. 따라서 구성적 해석학의 경우 작품을 통해서 그 작가가 가장 원초적 차원에서 어떤 세계를 구성하는가, 과학적이고 투명한 개념에 의해서 설명되기 이전의 대상, 아니 그것의 바탕이 되는 각 작가의 특수한 세계에 대한 태도, 혹은 원형을 밝혀내는 데 있는 것이다. 이와 같이 가장 원형적, 개개의 정신적 질서를 찾아내려는 의도는 앎의 가장 확고한 기초에까지 도달하려는 현상학적 인식론의 의도와 일치하는 것이다. 박이문, 「현상학과 문학」, 한국현상학회 편, 『현상학이란 무엇인가』, 심

텍스트에 드러나는 세계[28])를 읽는 것은 현상학적 방법[29])을 따랐다.

설당, 1983. 250쪽. 본 논문이 지향하는 해석 방법도 뒤랑이 말하는 이른바 '구성적 해석학'에 기초하여, 전봉건의 상징적 상상력을 좇아 그의 시의 원형을 밝히고, 궁극적으로는 그의 시적 정신의 질서를 가늠하고자 하는 데에 있음을 밝혀 둔다.

28) 여기서 말하고 있는 '세계'란 단순한 실재의 개념으로서의 세계가 아니라 한 인간에게 나타난, 혹은 반영된 객관체로서의 '세계'이다. 이른바 '세계-내-존재'로서의 '세계' 개념이 되는데, "다시 말해서 '상황'으로서 실재에 대하여 관계를 맺음으로써만 존재할 수 있기 때문에 매순간 실재를 넘어서는" 개념이 되는 것이다. J. P. Sartre, 「L'imaginaire」, 이규현 역, 「상상하는 의식과 예술」, 장경렬 외 편역, 『상상력이란 무엇인가』, 살림, 1997. 167쪽.

실재를 넘어서서 실재를 세계로 만드는 것인데, 사르트르에 있어서는 정서적으로 '텅 빈 세계'로 이해하는 바탕 위에서 의식의 '상황'은 모든 상상계에 대한 순수하고 추상적인 가능성으로 출현하게 되는 것으로 이러한 행위를 설명하고 있다. 이른바 '세계-내-존재'로서의 의식은 '세계 내에 상황되어' 있다는 것인데, 이처럼 비현실적인 대상을 구성하려는 동기는 의식의 구체적이고 개체적인 현실성으로 이해되어진 세계 내 상황인 것이다. 이렇게 되면 '세계'는 하나의 상황으로서 생체험되는 것이며, 이러한 점들이 상상력을 가능하게 하는 조건들이 되는 것이다. 싸르트르, 「의식과 상상력」, 김진국 편역, 『문학현상학의 이론과 실제』, 명진사, 1980. 80~82쪽 참조.

박이문은 이러한 현상학적 입장을 다음과 같이 알기 쉽게 설명하고 있다. "작가는 작품이라는 언어를 갖고서 어떤 것을 의미하려는 데 있지 않고, 그가 체험한 세계를 보이려고 하는 것이다. 따라서 작품은 그 속의 언어가 어떻게 의미를 조직하게 되는가를 '설명'함으로써 이해될 수 없으며, 작가가 경험한 세계가 무엇인가를 '해명'함으로써 이해될 수 있다." 박이문, 『시와 과학』, 1990 중판, 일조각, 188쪽.

전봉건 시의 근간이 황폐화된 실재로서의 세계너머 그리는 내적 의식 상황으로서의 상상력에 뿌리를 내리고 있는 만큼 '세계-내-존재'로서의 개념에서 그의 시세계를 접근할 수밖에 없다는 생각이다.

29) 일반적인 용어로 현상학적 방법이라고 했지만, 사실 이 용어는 의식을 문학의 한 형태로 두는 문학관에 근거한 접근을 총체적으로 일컬어 말한 것이다. '실존론적', '존재론적', '현상학적', '발생론적', '주제적' 또는 '의식 비평'이라고 다양하게 기술되는 이것은 죠르쥬 뿔레에 의해서 처음 '의식 비평'이라고 기술되었다가 '발생론적 비평' 그리고 최근에는 '주제적 비평'으로 불려지게 된 것인데, 이러한 기술적 용어는 존재와 관련 지워져 '존재론적'으로, 자신을 둘러싼 것에 대한 인간의 총체적 인식과 관련해서는 '현상학적'으로 다양하게 기술되지만 개별적인 것이 아니라 모두가 연결된 개념에서 쓰여진 것이다. Sarah N. Lawall,

Critics of consciousness, Harvard Univ. press, 1968. 서문. 이밖에 '동화비평'이라는 기술적 용어가 있는데 이는 스딸 부인이 말하는 것처럼 '나는 판단하지 않는다. 고로 나는 존재한다'라는 명제 아래 원초적인 고기토의 동화를 목적으로 한 비평가의 태도를 이야기하는 것이다. 말하자면 그때, 그곳에 같은 내적 의식 상황으로 함께 있음으로써 텍스트는 상호적 투명성을 가지게 되고 이른바 작품 밖에서 작품을 재연하는 참여하는 독서로서의 비평이 자리하는 것이다. George Poulet, *La Conscience Critique*, 조한경 역, 『비평과 의식』, 탐구당, 1990. 19~29쪽 참조.

2. 감각적 상상력의 지향점

2.1. 심미적 원형으로서 시의 본질 인식

전봉건 시의 출발은 등단 전 작품 「노래」, 「한 소절」과, 1950년 서정주와 김영랑에 의해 「願」, 「四月」, 「祝禱」가 『文藝』誌에 추천되어 등단한 때부터이다. 「노래」는 평양 숭인중학 졸업반이었던 1945년 초, 한국어로 쓴 첫 작품이다. 1961년 『한국전후문제시집』에 실린 이 시는 시인 자신의 기억에서 사라지지 않고 있었던 까닭에 그때를 기념하여 수록한다고 밝히고 있다.

저고리
하이얀
가슴에
나부낀
장미빛

고름……

—「노래」

위 시에서 포착되는 이미지의 선명함은 하이얀 저고리와 장미빛 고름의 감각적 대비에 있다. 그런데 그러한 선명함에 선뜻 뛰어들지 못하는 것은 실제로 드러나는 저고리의 고름 색깔과 그것을 장미빛으로 보는 시적 화자의 독립적인 인식 사이의 간극 때문이다. 일반적으로 저고리 고름의 색깔은 모란의 담홍색(淡紅色)과 같을 것이며, 하이얀 저고리와 어울려 향기 없는 담담함이 돋보이는 자색의 모란꽃이 더욱 어울릴 것이다. 전통적인 하이얀 저고리에 장미빛 고름이라는 저항감을 뛰어넘는 화자의 인식은 어디에서 기인하는 것일까?

전봉건은 이에 대해 단순한 이국 정조의 차원이 아니라 당시 그가 흠뻑 젖어 있었던 바하와 모차르트의 음악이 먼 나라의 남의 것이 아닌 나의 것이었듯이 다른 이가 인식하는 장미가 아닌 스스로가 독립적으로 인식하는 장미이며, 그것은 비린내 풍기는 야생적 생명과 같은 것이라고 말하고 있다.[1)]

---

1) 전봉건 · 이승훈 대담 「金春洙의 虛無 또는 永遠」(현대시학, 1973.11), 78쪽.

김현은 전봉건의 이러한 유별난 점을 다음과 같이 지적한 바 있다. "『춘향연가』를 쓴 사람이 판소리나 잡가를 듣는 것이 아니라 구라파 정신의 극치라는 모차르트나 바하를 즐긴다. 전봉건 씨의 비밀은 바로 거기에도 숨어 있다." 김현, 「전봉건을 찾아서」, 『시인을 찾아서』, 김현문학전집 3, 문학과지성사, 1991. 417쪽.

전봉건이 드러내고 있는 전통과 서구정신과의 거리에 관한 해명은 표현과 사상이라는 틀 속에서 다루어져야 한다. 전통적 요소인 자연발생적 시적 흥취를 파괴함으로써 얻어지는 '놀라움' 속에서 낯설지만 본원적인 인간의 사상이라는 시적 긴장(tension)은 경직되고 고착화된 사상의 일탈인 동시에, 그가 추구하는 자유로운 시적 영감이기도 하다. 이를테면 『춘향연가』에서 '정절'의 고착된 이념 속에 추상화된 춘향을 야생의 생명력으로 충일한 춘향으로 탈바꿈한 것은, 언뜻 낯설지만 춘향의 본원적인 자리로 나아가기 위한 것이다.

한편으로 그가 바하의 대위법적 악곡 형식을 바탕으로 한 브란덴부르크 협주곡과 다양한 변주 형식의 모차르트 교향곡 40번을 즐겨 들었다는 것은, 반복과 변주가 자아내는 의도적인 멜로디 체계 내에 감성과 영감을 실어 일체화하는 것을 지향했기 때문이라고 본다. 마찬가지로 그에게 있어서 시는 의도적인 다양한

'남의 꽃이 아닌 나의 꽃'이라는 시적 인식은 실재하는 사물이라는 일상적 시각을 넘어서 현상으로서의 사물이라는 세계에 들고 있음을 반영한다. 아울러 의식의 굴절 속에 야생의 생명력이라는 정신적 틀을 구축하고 있는 것이다. 그런 의미에서 하이얀 저고리를 입은 여자는 안으로 스며드는 정적인 모습의 사람이 아니라 밖으로 용출하는 동적인 생명력 그 자체라 할 수 있다. 특히 '하이얀'에서 감지되는 섬약함과 대비된 장미빛의 선명함은 생명력의 욕구를 더욱 뚜렷이 표출하고 있는 것이다.

위의 시를 두고, 김현은 "전씨의 詩作을 예고하는 여러 가지 특징이 담겨 있다. 그의 여성주의적 측면과 기교주의적 측면은 그 대표적이다"[2]라고 하였다.

사실 시에서 말하는 기교주의라는 것은 광범위한 것이다. 그러나 한 가지 분명한 사실이 있다면, 전봉건이 생각하는 시란 외적 형상에 대한 단순한 묘사가 아니라, 스스로의 마음이 짓는 마음의 형상을 좇는 데에 있다는 점이다. 그것을 그는 '그쪽의 현실'과 '이쪽의 현실'이라는 말을 통해, 시가 마음속의 현실인 '이쪽의 현실'에서 이루어지는 행위(21쪽)라고 말하고 있다.[3] 그리고 그는 '이쪽의 현실'을 '최초의 인간의 눈에 비치인 최초의 事象들'(47쪽)이라고 하며, '오직 全身全靈으로 한꺼번에 느끼고 지니는 쾌감'(48쪽)이라고 한다. 이러한 개념 규정은 시의 심미적 특성을 바탕으로 한 記述的(descriptive) 접근에서 비롯된 것이다.

반복과 변주 속에 시적 감성을 싣는 행위이며, 사상의 경직을 넘어서 자유로운 시적 정신으로 충일한 모더니스트로서의 면모를 내포하는 행위인 것이다.

2) 김현, 「전봉건을 찾아서」, 앞의 책, 411쪽.

3) 괄호에 들어간 숫자는 1961년에 발간된 전봉건의 시론집 『시를 찾아서』(청운출판사)의 쪽수 표시이다.

따라서 전봉건은 외적 형상의 세계인 '그쪽의 현실' 쪽에서 보면 '이쪽의 현실'은 거짓이지만,[4] 오히려 그 거짓이 '한없이 새로운 놀라움이 새로이 창조되는 쾌락의 현실'(56쪽)임으로 인해, 무의미한 기호처럼 벌여 있는 추상화된 현실에서 벗어나 마음의 질서와 안정을 찾는 행위가 된다고 한다. 특히 그가 경도해마지 않았던 보들레르의 「여행에의 권유」를 들며, 눈에 보이는 현실인 '그쪽의 현실'은 질서와 아름다움이 없고, 호사와 고요와 일락도 없는 까닭에 '그쪽의 현실'이 강박하는 과거와 현실에서 해방되어, 내부의 깊고 어두운 곳에 파묻혀 있는 심혼을 일깨우는 울림의 세계에 들 것을 강조하고 있다.

여기서 말하는 스스로의 심혼을 일깨우는 울림의 세계란 움직임 속의 고요, 고요함 속에 깃든 움직임이 영혼의 전일성(totality) 속에서 내적 세계에 충만해 있는 것을 가리킨다. 이때 가시적인 외적 세계의 형상은 오히려 시적 진실에 이르는 길을 가로막을 뿐이며, 온전한 것은 오로지 '내 마음에 있는 그대로의 그것'이며, '본래 거기에 있는 것'에 자신을 깃들게 하는 것이 시의 길이라는 내밀함으로 이어지게 된다.

습작기 소품이라고 할 수 있는 위의 시 「노래」와 더불어 「한 小節」이라는 작품 역시 가벼운 시적 흥취라고 여기며 지나치기엔 초기에 그

---

4) 전봉건은 시의 '거짓말'과 '정말'이라는 비유를 통하여 시의 본질을 말하고 있는데, 이를 보들레르가 어떤 여인에게 보낸 편지를 예로 들어 '당신의 눈동자가 나의 마음에 불멸의 사랑을 불어넣기 때문입니다'라는 구절에서 '어떻게 사랑이라는 물건이 불어 보내지고, 머물 수 있다는 것인가? 이것은 엉터리 거짓말'이지만, 당신을 사랑한다는 부정할 수 없는 진실과 全身 全靈의 열정과 환상이 이것을 가능하게 하고 더욱 지독할수록 시적 황홀을 불러일으키게 된다고 하고 있다. 따라서 역설적으로 '시를 태어나게 하는 것은 거짓말'이 아니라, '시를 태어나게 하는 것은 정말'이라고 하고 있다. 전봉건, 「시와 거짓말」, 『문예』, 1960.6. 아울러 '시는 자신의 비현실적 염원의 행위화로서, 그것이 언뜻 거짓처럼 여겨지지만 오히려 그것에 참여함으로써 함께 누리는 황홀한 쾌감에 들 것'을 독자들에게 강조하고 있다. 전봉건, 「시인과 독자의 광장」, 자유문학, 1957.9.

가 가졌던 시적 감각과 정신이 예사롭지 않다는 점에서 지적하고 넘어가야 할 작품이다. 「한 小節」은 1980년 출간한 『꿈속의 뼈』에 실린 작품으로, 추천을 받기 이전에 손대었던 소품이며 미발표의 작품이라고 시집의 후기에서 밝히고 있다.

새
랑 나비
랑 새
랑 너
랑 나비
랑 새
랑

–「한 小節」

앞선 작품 「노래」가 '이쪽의 현실'로서 그의 눈에 비친 최초의 事象이라면, 위 작품은 '본래 거기에 있는 것에 자신을 깃들게 하는' 정점에 화자가 들어앉은 모습을 띠고 있다. '랑'의 연속으로 이끄는 가볍고도 여린 소리 속에 새와 나비는 섬약하지만 명랑한 비상의 이미지를 보여준다. '나비'의 기표가 날개 펼친 나비의 이미지라면 '새'의 기표는 톡톡 튀는 모습으로 날고 있는 작은 새의 비상이다. 작지만 연속적인 '랑'의 소리 속에 새와 나비는 날고 있고 그 사이에 '너'가 깃들여져 있는데, 끊이지 않을 듯한 '랑'의 연속성에는 주체와 객체, 인간과 사물의 경계가 끼어들 여지가 없다. 이 시는 응축된 감각이 환기하는 기표만이 워낙 강렬하여 인식의 본질은 차라리 배제된 듯하다. 말하자면 화자가 보는 '나비와 새와 너'가 自在하고 있을 뿐이다. 물론 이 시가 작위적으로 시의 운율과 이미지의 극대화를 꾀하고 있는 점은 틀림없다. 그러나 시 「노래」와 「한 小節」을 통해 우리가 감지할 수 있는 것은, 습작기 전봉건의 시적 감각이 '내가 보는 인간과 사물의 세계'라는 주관적 판단과 인식을 배제하고 '세계에 깃든 그 자체로서 존재하는 모습'에 눈길을 두고 있음을 알 수 있다. '절제된 가운데 움트고 있는 야생의 생명력과 비상에의 작은 몸짓', 그 '존재의 모습에 깃들기'를 시도하는 시적 지향이 궁극적으로 어떤 의미를 띠고 있는지 살펴보자.

2.2. 순수 지향의 시적 의미

앞서 제시한 습작기 작품을 거쳐, 전봉건은 1950년 1월호 『문예』지에 그의 첫 작품인 「願」이, 3월호에 「4월」이 서정주의 추천으로 발표되고, 5월호에는 김영랑의 추천으로 「기도」가 발표되어 등단한다.

「願」의 추천 후기에서 서정주는 "신선한 감응 능력이라든지, 일부러 수식 조작하려는 일반적 구습을 떨어버린 점이라든지, 그 독특한 진정 언어의 스타일이라든지"[5]라고 추천평을 적고 있다.

부드러움을 한없이 펴는 비둘기같이
상냥한 손을 주십시오.

빛나는 바람 속에서 태양을 바라
꽃 피고 익은 젖가슴을 주십시오.

---

5) 현대문학사 편, 『추천시집』, 현대문학사, 1958. 21쪽.

샛말간 들이랑 하늘이랑…… 바다랑
그런 냄새가 나는 입김을 주십시오.

불타는 사과인 양
즐거운 말을 주십시오.

오 ! …… 나에게 내 자신의 모습을 주십시오.

-「願」-저는 꿈이라도 좋아요

언뜻 이 시는 사물들의 인상을 따라 펼치는 감각적인 시, 서정주가 말하는 이른바 '신선한 감응 능력의 시'로 읽혀질 수 있다. 1연에는 부드러운 손길이 환기하는 봄의 이미지가, 2연에는 생명의 신성성이 가득한 태양이 삶의 원천으로서 젖가슴의 이미지로 확산・수렴되는 가운데 여름의 이미지가 펼쳐지며, 3연에는 들과 하늘과 바다의 풍요로움이 주는 가을의 입김을 바라면서, 4연에는 불타는 사과와 같은 열정 속에 시의 '말'이 영글기를 간구한다.

그러나 만만치 않은 점은 '말'을 달라고 하는 것과, 이러한 세계 속에 깃든 '내 자신의 모습'을 달라고 하는 것이 관념적 성격을 띠고 있는 것이다. '저는 꿈이라도 좋아요'라는 알리엘 오드라의 시 구절을 부제로 두는 가운데, 제목 그대로 그가 간절히 '願'하는 것은 무엇인가? '주십시오'라고 연속되는 간구와 더불어 이러저러한 세계의 형상 속에 자신의 존재도 함께 깃들기를 바란다는 의미는 무엇인가?

이 점은 전봉건 시적 상상력의 촉수를 감지할 수 있는 뜻깊은 질문으로 여겨진다. 세계와 사물이 침묵 그 자체로 있지 않고 자신에게 다가선다는 것은, 나에게 말을 건넨다는 것이며, 동시에 나 역시 답변해야 할 그 무엇이 있어야 한다는 것이다. 여기에 시의 말이 존재하게 되는 근원적 까닭이 자리잡는다. 본질적으로 시란 세계와의 열림과 교접의 엑스타시이다. 즉 화자의 내밀한 몽상 속에 내면 공간은 상상력을 통해 생명력을 얻어 환영과도 같은 세계의 울림이 시의 신성한 '말'(parole)이 되고, 그 울림이 나의 삶에 섞이는 연금술적인 행위인 것이다.[6] 그가 할 수 있는 것은 당시 경도해 마지 않았던 릴케[7]와 같이 사물과 세계의 인상주의적 반사(反射)를 포기하고 적극 개입하여 자기 자신의 모습을 만들어내는 일 뿐이다.[8] 단순히 자연을 즐기는 호사(豪

---

6) 바슐라르는 이것을 듣는 자연(natura audiens)과 들리는 자연(natura audia)으로 나누어 구분한다. 즉, 수동적인 일반적 청각에 의한 들리는 자연을 뛰어넘어 시인의 몽상 속에 투사되는 듣는 자연의 세계 속에 상상력이 분출된다는 것이다. G. Bachelard, *L' Air et les Songes*, 정영란 역, 『공기와 꿈』, 민음사, 1993. 498쪽 참조.

7) 전봉건의 릴케에 대한 애정은 김광림의 다음과 같은 추모의 글에서 잘 알 수 있다.

"형은 형이 가장 아끼고 좋아하던 시인 릴케의 말마따나 '삶의 발전적 형태'로서의 죽음을 죽은 것이 아닌가 싶습니다. 일찍이 형의 초기 작품 「願」에서 '오… 나에게 내 자신의 모습을 주십시오'라고 절규했던 형 자신의 모습이 어쩌면 죽음으로 승화되고 완성된 게 아닌가도 싶어 더욱 가슴 저밉니다." 김광림, 「절대 평화주의자 전봉건 시인」, 『현대시학』, 1988.8. 27쪽. 또한 전봉건은 『문예』지 추천을 완료하는 당선소감의 자리에서 "존경하는 라이나 마리아 릴케의 '익으라 나무와 같이…'라는 구절만은 잊지 않을 것입니다"라고 밝히고 있는데, 여기서 이 구절의 의미는 시끄러운 말이 아닌 별들이 별들에게 말하는 것이며, 이른바 세계의 형상이 존재에 깃들 때까지 인내하는 가운데 함께 되는, 몸짓으로서 시의 말이다.

8) 뮌헨 시대의 릴케가 가졌던 이른바 유겐트슈틸의 기본적 관념이다. 세계와 자연의 인상주의적 반사를 거부하고 자신의 뜻대로 진귀한 것으로 변형시키면서 유토피아적 내면과 순수의 세계를 펼치는 것이다. 대체적으로 '하고 싶다'라는 욕구에 반영되는 데에 주로 사용된 토포스(topos)는 '開花, 봄, 아이' 등이다. 김재혁, 『릴케연구-예술의 여정을 떠나는 수도사』, 책세상, 1997. 629~647쪽 참조. 전봉건의 경우 그가 릴케의 이른바 유겐트슈틸의 관점에 대해서 얼마나 알고 있었던가는 의문이다. 그러나 적어도 사물과 인간과 말의 상관성에 있어 릴케가 생각하고 있던 바에 가까이 다가서고 있다는 점은 인용시 「願」에서 감지할 수 있다.

奢)에서 비롯되거나 몽롱한 꿈의 낭만주의적 감성이 아닌, 이른바 존재의 현시(顯示)로서의 시작 행위라는 적극적 성격을 띠게 되는 것이다. 자연의 인상주의적 반사를 초월하여 육화된 자기 자신의 내면 세계가 세계 그 자체의 울림의 세계로 가까이 다가서는 일. 애써 말을 지어내어 존재 그 자체를 가리는 법이 없이 가까이 다가서는 그 자체만으로 순수한 '시의 말'이 되는 것이다. 펼쳐지고 부풀어오르는 사물들의 몸짓 그 자체가 그의 시의 '말'이다. 요컨대, 그를 둘러 싼 사물의 세계는 그의 존재를 이루는 무수한 살과 피가 되며, 사물과 세계가 꿈꾸는 세계에 드는 것은 상상력으로서 생명력을 얻게 되는 뜻 있는 일이 되기도 한다. 이른바 "대상이 자신을 확정하고 스스로를 드러낸다고 말하는 것이 아주 정확한 지적"[9])이 되는 셈이다. 이는 세계에 대한 친화적이고도 긍정적인 태도에서 비롯된다. 따라서 그를 둘러싼 세계의 모습이 비록 부재와 부정으로 가득하다고 하더라도, 보이지 않지만 행복과 이상을 머금고 반쯤 깨어 있거나 열린 세계들, 그 자체의 황홀에 그는 참여한다. 행복한 꿈꾸기의 절정에 그의 추천 완료 작품인 「祝禱」가 있다.

> 말끔히 문풍지를 떼어 버렸습니다.
>
> 언덕 위에 태양을
> 거리낌없이 번쩍이게 하십시오.
>
> 풋색시의 젖꼭지처럼 부풀은
> 새싹을 만지게 하십시오.

---

9) 쟝 삐에르 리샤르, 「프랑시스 뽕쥬」, 이기언 역, 『현대시세계』, 1988년 겨울. 228쪽.

어느 나뭇가지 우묵한 구멍에서 꾸불거리며
나오는 새파란 벌레를 보게 하십시오.

그리고 이제 사람들에게 꽃병을 하나씩
마련할 것을 명하십시오.

나는 흙으로
빚어 만드오리다.

그리고 파아란 바람을 보내시어
그 속에 꽃들을 서광처럼 솟아오르게 하시어

쌍바라지도 들창도 유리창도
집마다 거리마다 ……

모두
맑은 미소같이 풀리게 하십시오.

× ×

오 ! 수없는 나비와 꿀벌의 날개를
이제 온 주위에서 서슴지 말고 펴십시오.

꽃향 무르녹은 나무 사이사이에
펄럭펄럭

승리의 깃발처럼 치마폭
휘날리시어

종다리처럼 나의 푸름을
오 ! 소스라쳐 오르게 하십시오.

—「축도」

이 시의 주된 정조는 '황홀한 탄생을 향한 열망'이다. 열림의 세계를 차폐하고 있는 문풍지를 떼어내는 행위는 내면의 구속과 강박을 떨치는 것이다. 내면에 자신을 가두고 있는 한, 그는 어둠이며 아울러 자기 자신에게마저 어떠한 의미도 부여받지 못하는 내던져진 존재로서 형해화되어 있을 뿐이다. 그러나 화자가 스스로의 어둠의 공간을 밀쳐내자 태양은 거리낌없이 번쩍이며 다가섰고, 환한 열림의 세계에서 무수한 사물들이 나름대로 그 형상을 갖추어 나가고 있다. 그가 보는 것은 부풀고 꾸불거리는 사물들의 몸짓이지만, 주문과도 같은 '하십시오'라는 축도의 말과 함께 그것들은 스스로에게 던지는 간구로 승화되어 '보는 것'과 '보이는 것'의 경계를 허물고 있다. 말하자면 부풀은 새싹과 꾸불거리며 나오는 새파란 벌레는 곧 자신의 시적 상상력에 깃든 내면의 모습과 다른 것이 아니다.

이른바 황홀한 시적 꿈꾸기라고 하겠다. 그리하여 나뭇가지 우묵한 구멍에서 꾸불거리며 나오는 새파란 벌레도 고혹감에 빠지게 하며, 제4연에서 보는 것과 같이 바람은 파랗고 그 바람 속에 꽃들은 빛으로 솟아오르는 순연한 서정으로 충만해 있다.

동물이나 식물이거나 간에 처음에는 '반쯤 열림'의 몸짓으로 부풀고, 꾸불거리고 나오며, 솟아오르고, 풀리다가, 연간의 구분을 유별나게 표시한 데에 이르러서는 드디어 펴고 휘날리며 소스라쳐 오르는 경이로움의 찬사와 축복으로 가득하다. 태양은 숱한 사물들을 '반쯤 열림'의 몸짓으로 만들었고, 빛나고 타오르는 방사의 열기와 더불어 파아란 바람의 입김으로 숨을 쉬며, 바람의 상승 기류를 타고 비로소 그들은 날아오르는 것이다. 아울러 열림과 상승이 합쳐지는 자리에 나 역시 푸른 종다리로 날아오르는 꿈꾸기에 든다. 앞의 시 「願」에서 말하는 바와 같이 "(오! 신이여) 나에게 내 자신의 모습을 주십시오"라는 간구의 끝에 화자는 종다리의 푸름으로 자신의 형상을 비로소 얻게 된다.

이상의 논의에서 알 수 있는 것은, 그에게 있어 시란 인간의 마음이 바라보는 현실에 의해 기존의 정형화된 현실이 영점화—그의 표현대로 1+1=0—(33쪽)되는 자리에 있다는 점이다. 이른바 '그쪽의 현실'을 영점화하는 가운데 내면의 욕망과 환상으로 변용되는데, 그것이 개인적으로는 '본래 거기에 있는 것'이나 미처 보지 못한 세계에 대한 내면의 눈뜸으로서의 시작 행위가 되거나, 많은 이들을 향한 시적 발언의 경우에는 '본래 거기에 있는 것'을 회복하여 다시 채우는 행위로서의 의미를 갖게 된다.

사실 "'이쪽의 현실'이 환기하는 시의 세계"(37쪽)라는 전봉건의 말은 시가 내적 영감과 직관에 의해 재구된다는 많은 이들에게 익숙한 개념과 다를 바가 없다. 또한 전봉건이 말하는 '응시하는 눈'과 '시인 자신의 현실성으로 다시 쌓아올리는 행위'라는 것,[10] 즉 외적 현실의 충격을 내면화하는 감응으로서의 응시와 내적 현실 속에 재구하는 행위로서의 시가 함께 하는데 시적 본질이 깃든다는 것 역시 헤겔이 「미

10) 전봉건 · 이승훈 대담, 「쓰여지는 일이 없는 시」, 『현대시학』, 1973.8. 96쪽과, 같은 대담자의 다른 주제 「김종삼과 바하와 이상」, 『현대시학』, 1973.7. 77쪽.

학강의」에서 이야기하고 있는 서정적 주관성의 이론 외에 다른 것이 아니다. 헤겔 이론의 중심 개념은 모든 객관적인 것과 현실적인 것이 주관적인 표상과 감각으로 변환되는 것을 뜻하는 내면성(Innerlichkeit)이다. 그가 말하듯 "아름다운 꽃은 꽃이 아름다운 것이 아니라, 그렇게 말한 사람의 마음이 아름다운 것이다."(64쪽) 따라서 내면적 세계, 관찰을 하고 느끼는 정서가 내면성으로서 그 자체에 대해 묻고 있기 때문에 주체의 자기 발언이 그 자체의 형식과 궁극적 목표를 지닐 수 있는 것이다.[11)]

전봉건이 생각하는 "예술적 광기는 스스로의 어깨 위에 덮쳐 있는 과거에서 벗어나고, 현실에서 해방되어, 내부의 깊고 어두운 곳에 파묻혀 있는 천성의 신비스런 능력에 눈을 뜨는 행위이다."(66쪽) 이는 기존의 관념을 배제하고 "무관과 절연"(30쪽)의 자리에 서게 된다는 점에서 순수 지향의 세계가 된다. 따라서 그의 전 생애적 시작 행위가 '스스로의 마음으로 여는 세계의 모습', 혹은 '빈 가슴 채우기로서의 환상의 시학'으로 나아가는데, 이는 그가 지니는 순수 지향의 시적 태도와 접맥되고 있다.

2.3. 운율과 이미지의 시적 상상력

전봉건은 "'이쪽의 현실'을 그리는 데 있어, 문자가 필요하며, 이때 서로 따로 따로인 언어들이 우연히 만남으로써 시가 성립되어 가는 것이나, 이미 다 만들어진 시의 경우 동원된 모든 언어들은 계산이 되어

---

11) Dieter Lamping, *Das lyrische Gedicht*, 장영태 역, 『서정시 : 이론과 역사』, 문학과지성사, 1994. 186쪽 참조.

있으므로 거기에 우연이란 티끌만큼도 있지 않는 것"(108쪽)이라는 입장을 견지한다. 그리고 "문자+문자+문자+문자=의 계산이 '이쪽의 현실'에 그려낸 상을 가지고 하는 상+상+상+상=의 계산"(115쪽)이라고 한다. 이는 언어의 무의식적 충동과 다른 한편으로는 해독 가능한 전달의 매체로서의 상상력을 이미지 속에 실현하는 것을 말한다. 아울러 "이미지의 운동이 가능한 한 쉽고 선명하게 파악될 수 있도록 언어의 장치를 정밀 우수하게 조립할 것"(167쪽)을 강조한다.

그가 생각하는 이미지로서 상의 개념이란 무엇인가? 그것을 그는 "꿈입니다, 이미지는. 그러나 결코 허황된 꿈은 아닙니다. 강력한 희망, 탐욕스런 생명력이 넘쳐 나는 꿈입니다."(148쪽) "신선한 긴장과 힘찬 광명입니다. 그런데 이 감동이나 혹은 지진 같은 진동에 시인은 인간의 소생이나 회복을 보려고 하는 것 같습니다."(150쪽)라고 말하고 있다. 보다 구체적으로 엘뤼아르의 산문시 가운데 '무서운 현실에 허구를 섞는 일 / 나는 그일에 집착한다'라는 시 구절을 빌려, "황폐화된 현실의 공허함을 딛고 던지는 생명력의 꿈인 이미지, 그 이미지는 언뜻 허구처럼 보이지만 인간이 간구하는 진정한 실체이며, 보이지 않지만 이미 있었던 것의 회복이라는 점에서 의미가 있다"(151쪽)고 한다.

황운헌의 작품 「손」을 일례로 들어, 전쟁으로 황폐화된 무서운 현실에 "태양을 그리는 손"과 "크라브상을 치는 여인의 손" 사이에 "수많은 비둘기가 나래를 치며 일어나는" 목숨을 보는 행위, 말하자면 인간 회복의 희망 속에 이미지의 근본 형상이 있음을 강조하고 있다(156~157쪽). 시인이란 "만물을 이미지가 소생케 할 수 있다고 자꾸자꾸 생각하는 사람"(157쪽)이며, "우리의 의식을 미지의, 상상의, 그 새로운 세계로 해방 시켜주는 일"(173쪽)을 하는 사람인 것이다.

꽃들은

무너진
무지개
하늘의 廢墟를 위하여

꽃들은

지금
비둘기와 비둘기 향기 속에 트이어 오는 저물어 가는 다시 푸른 노래와
더불어 트이어 오는 수없는 明日에 그렇게 트이어 오는 비둘기 향기 속의
지평이 수평이 있어야 하는 너와 나의 사랑하는 눈시울에 지금 죽음의 비가
재가 죽음의 눈이 흰 눈이 내려서 깔리지 않기 위하여

꽃들은

나비와
손 하이얀 손이
그 손이 닦는 파아란 窓유리 속에
파아랗게 물들어 가는 꽃 항아리와
꿀벌과
꿀

그리고 열매를 사랑하는 …… 隣人
그리고 친구 아니 戀人 또
人間과 人間인 너와 나를 위하여
꽃들은

꽃들은

피어서
지금
射殺된 비둘기의 廢墟
무지개의 廢墟에 피어서

지금

장미의 이파리와 같은 눈시울을 지닌 사랑하는 너와 나의 또
지금
어느 곳 장미의 이파리와 같은 눈시울로 사랑하는 수 없이 많은 너와
나의 너와 나의
너와 나의
旗빨이다.
작은
그러나 목숨을 걸어 태양을 향한
아름다운 旗빨이다.
너와

나의

-「지금 아름다운 꽃들의 의미」

'꽃'은 1950년대 전봉건 시의 중심 이미지이다. 일련의 시 중에서 한 전형을 보여주는 위의 시를 통해 그가 생각하는 시의 이미지가 어떠한 것인지를 가늠해 보고자 한다.

이 시에 나타난 꽃은 단순히 실재하는 형상으로서의 꽃이 아니다. '무너진 무지개, 하늘의 폐허'라는 화자의 텅 빈 내면 공간에서 피어 올리는 꽃이다. 그 꽃들은 '트이어 오고 저물어 가는' 역사성의 시간에서 비둘기의 향기이거나 죽음의 재가 혼효된 혼돈 속에 피어 있다. 꽃이 피어 있어야 하는 당위성은 '죽음의 비가, 죽음의 재가, 죽음의 눈'이 '다시 푸른 노래와 더불어 트이어 오는 수없는 명일'이 가득한 지상의 세계를 덮어서는 안 된다는 것에서 비롯된다. 꽃은 하이얀 손이 닦는 파아란 유리창 속에서 가꾸어진다. 하이얀 손과 파아란 창이 환기하는 이미지는 여리고 창백한 꿈이다. 그 꿈에 꿀벌과 나비가 깃들고, 열매를 사랑하는 가까운 이들과 친구와 연인, 더 나아가 인간과 인간인 너와 내가 깃든다. 척박한 현실의 모든 소멸과 마주선 꽃은 '지금' 수직의 상승을 꾀하는 가운데 '사살된 비둘기의 폐허, 무지개의 폐허에 피어 있다'.

식물적 상상력에 있어 수평의 이미지 속에 깃든 표상의 세계는 생성과 소멸의 순환적 질서 속에 깃든 존재의 인식이다. 그러나 수직의 이미지가 보여주는 표상의 세계는 순환적 질서를 거부하고 치솟는 초극으로서의 의미를 갖는다. 수직은 신선한 긴장이며 힘찬 광명을 향한 의미인 동시에 생명력 그 자체이다. 뿌리로 향하는 것이 어둠 속에 들어가 어둠을 만나는 행위라면, 수직의 상승을 꿈꾸는 것은 밝음 속에 드는 행위이며 현실의 공허함을 생명력으로 채우는 희원인 것이다.

‘지금’, 푸른 눈시울을 지닌 장미의 이파리와 같은, 사랑하는 너와 나와 수없이 많은 이들이 작은 깃발로 되어 하늘을 향한다. 그 깃발은 ‘목숨을 걸어 태양을 향한’ 아름다운 깃발이다. 목숨을 걸어야 다다를 수 있는 밝음의 세계는 절박한 상황에 빠진 인간이 전 존재를 다 던져야 이룰 수 있는 이른바 몰입의 세계이다. 그 몰입의 정점에 꽃이 있다.

이렇게 볼 때, 그가 생각하고 있는 시의 이미지는 “현실과의 정면 대결, 치열한 교섭을 거침으로써 생성되는”(244쪽), “신뢰와 사랑이라는 휴머니즘”(143쪽)을 실현하는 이상적인 통로인 것이다. ‘바깥의 현실’에서 보면 허구이지만, ‘이쪽의 현실’에서는 진정한 실체인 허구 같은 환상 속에 본래성으로서의 형상을 얻고 궁극적으로 황폐화된 현실을 소생케 하는 메시지로서의 기능을 다하는 데에 시가 있으며, 그것을 가능케 해주는 것이 이미지인 것이다.

한편으로, 위의 시는 전봉건 시에 나타난 소리의 이미지가 환기하는 운율적 체계가 남다르다는 점에 있어 일례가 되기도 한다. 그는 “시는 주장이 아니다. 시는 내부의 핵심에서 끊이지 않는 가락을 다 내는 노래이다”[12]라는 입장을 견지한 시인이다. 산문처럼 쓰여지면서도 내면의 발언과 소리가 긴밀성을 잃지 않으면서 부드러운 음악처럼 들리게 하는 것은 끊어질 듯 이어지는 ‘꽃들은’의 반복과 4연에서 보여주는 바와 같이 산문처럼 쓰여졌지만 조사와 어미의 반복과 변주가 환기하는 유연한 가락 때문이다.

스스로 맺어지는 좀 긴 편인 가요시들은 어떻게 이루어지는

---

12) 「전봉건의 아포리즘」, 『현대시학』, 1988.8. 76쪽.

> 가? 하는 질문은 여전히 효력을 발휘한다. 흘러가 버리지 않게 자신을 지키는 서정시의 작용은 오로지 반복 작용일 뿐이다. 어떠한 반복 작용도 모든 시에 특유하게 존재한다. 가장 보편적인 것은 동일한 시간의 통일체가 반복하는 박자(Takt)이다. …(중략)… 자기 자신 속으로 집중하고 회귀함으로써 비로소 스스로를 자아로 쟁취한다는 것이다. 그 내용인즉 <자아가 박자를 통해 이렇게 자기 자신을 재발견할 때에 지니는 만족감은 그 통일성과 동일성이 시간 그 자체나 음조 그 자체에 귀속되지 않고, 오로지 자아에 속하고 있는 것이며, 동일한 것에 의해 자아 충족을 느낄 수 있는 시간 속으로 이끌어지는 어떤 것일 때 더욱 온전하다.>[13)]

위의 관점에서 볼 때, 끊어질 듯 이어지는 '꽃들은'의 반복은 일종의 박자이며, 끊어질 듯 이어지는, 온전한 연속성을 지니고자 하는 자아에 대한 회귀로서의 내면화인 셈이다. 1연의 '꽃들은' '무너진 / 무지개 / 하늘의 폐허를 위하여'라는 빠른 템포에 잠시 이끌리다가, 다시 3연의 '꽃들은'에서 스스로를 추스르고, 4연 첫머리에 한 행을 이루고 있는 '지금'에 멈추어 정지 상태에 있는 듯하다가 4연의 유연한 리듬에 빠져든다. 4연이 유연한 까닭은 조사와 어미의 반복과 변주 속에 모든 이미지가 깃들어 있기 때문이다. '비둘기와 비둘기'의 여린 음상이 '트이어 오<는> 저물어 가<는>'듯하여 <는>의 부드러움 속에 끊어질 듯 하다가, '다시'가 재차 처음의 음을 되풀이하여 '트이어 오<는> 수없<는> 명일<에> 그렇<게> 트이어 오<는>'의 반복과 변주 속에 이어

13) E. Staiger, *Grundbegriffe der Poetik*, 이유영 · 오현일 공역, 『시학의 근본 개념』, 삼중당, 1978. 37쪽.

지며, '지평<이> 수평<이> 있어야 하<는> 너와 나의 사랑하<는>'의 교차 속에, 지평과 수평으로 툭툭 던져지는 <이>의 빠르기와 <는>의 느리기가 하나를 이루어 내고 있다. 그리고 '지금'으로 잠시 끊었다가 '죽음의 비<가> 재<가> 죽음의 눈<이> 흰 눈<이>'로 연이어 던져지는 소리마디 속에 빠르기를 갖는다. 그런 다음 5연의 '꽃들은'에서 유연한 소리는 또 스스로를 추스르는 박절로서 음의 마디를 갖는 것이다.

위의 소리 중에 반복되는 '꽃들은'이 자유분방하게 펼쳐지는 음들을 일정하게 압축하는 것이라면, 4연에서 보여지는 '는'의 부드러운 자음운과 '이'의 모음운은 변주와 반복이 일으키는 울림의 세계를 더하고 있다고 하겠다. 특히 산문처럼 보이는 4연에서 각각의 의미를 연결해야 할 '그리고', '그러나' '그러므로' '왜냐하면'이 생략되어 있다는 것은 의미의 단편으로 이 시가 이루어진 것이 아니라, 자체 내에 서정적 흐름의 물결에 이미지를 놓아두었을 뿐이라는 점을 보여준다. 그것은 모든 이미지가 각각의 의미 단락에서 규정되는 것이라기보다는 모호한 상태 속에 정조로만 존재한다는 것을 의미한다. 이는 서정의 본질이다.

이상에서 살펴본 결과, 그는 시인이 갖는 주관적 인식이 시를 이루는 근원이며, 그것이 운율과 이미지의 감각적 감성으로 응축되어야 한다는 '서정적 인식과 틀'에 뿌리를 두고 있음을 알 수 있었다. 당시 그에게 있어 서정적 인식이 가능했던 것은 자아의 순연함에 바탕을 두었기 때문이다. 내밀한 자아가 불러들이는 세계의 모습은 환상적인 아름다움이며 몽상 속에 생명력을 얻어 날아오르는 모습 한가운데에 그의 시적 상상력이 있다. 유별난 점은 이러한 시적 상상력의 궤도를 타고 흐르는 세계의 열림이 '시의 말'이며, 세계와 교접하는 환영 속에 자신의 존재가 빛을 발하고 뚜렷한 형상으로 떠오른다는 것인데, 너무도 친화적인 태도로 말미암아 어떠한 사물이라도 자아가 쉽게 용해되며 환상적 황홀에 어렵지 않게 참여한다. 아늑하기까지 한 이러한 시적 형상화는 전형적인 서정으로 빛을 발할 수는 있으나, 추상화된 현실에 둘러싸인 마법의 성과 같아 구체적인 삶을 포용하는 데에는 한계를 드러내고 있다. 이른바 시적 깊이를 획득하는 데에는 실패하고 있는 것이다. 말하자면 그의 내면의 세계는 공소한 간구의 목소리만 메아리로 더할 뿐 스스로의 전망을 제시하는 데에까지는 이르지 못한다는 것이다. 그가 시적 상상력이 여는 세계에 참여하여, 그 세계 자체가 '시의 말'이 되는 시적 체득을 할 수 있었던 것은 분명하다. 그러나 난마처럼 얽힌 인간의 내면과 갈피를 잡을 수도 없는 현실을 제쳐두고, 자신의 상상력만으로 세계를 구축하고 그 세계가 말이 되는 시는 본질적으로 말 잔치에 불과하다는 점이 지적되어야 할 것이다.

이러한 한계를 극복해야 하는 전봉건의 시적 세계에 일대 전기를 마련한 것은 '전장체험'이다. 전장은 그에게 고통으로 각인되었지만, 역설적으로 자아와 세계에 대한 구체적인 시적 성찰에 이르게 한 충격이고, 시적 추상성을 벗어나 리얼리티를 확보하게 한 텃밭이며, 섬약한 언어에서 질박한 언어까지 아우르는 시적 언어의 확장을 가져 온 원동력이었다. 무엇보다도 '전장체험'은 시적 황홀함 못지 않게 고통의 몸짓이 시의 진정한 목소리임을 깨닫게 해 준 이른바 시적 체험의 거름이 되었기 때문이다.

3. 전장 체험의 존재론적 인식

3.1. 전장에 대한 시적 리얼리티

전봉건이 쓴 여러 글을 살펴본 결과,[1] 그의 전장 체험[2]은 1950년 가을부터 1951년 봄까지 약 6개월간에 걸쳐 육군 이등병으로서 위생병의 보임을 맡았던 것으로 되어 있다. 6.25가 터지고 적 치하 서울에서 월남 가족인 까닭에 정치보위부의 수색을 피해 다니다가, 8월초 의용군 징집을 피해 진천으로 한 때 피신하기도 하였다. 그러다가 입대하여 훈련을 받고 춘천에 배치, 여주로 이동, 그해 겨울에서 이듬해 제대할 때까지[3] 중동부 전선에서 숱한 죽음을 목도하고 전장의 현실을 체험한다. 부상을 입고 대구, 마산의 육군 병원을 거쳐 통영에서 제대한 때

---

1) 전봉건, 「개구리 참외」, 「세토막 생각」, 「이 길을 가면 서울 가나요」, 「그림 이야기」, 「전쟁의 아픔과 죽음의 슬픔」 등. 전봉건 산문집, 『플루트와 갈매기』, 어문각, 1986.

2) '전쟁 체험'이 아니라, '전장 체험'이라는 용어를 쓴 것은 6.25 전쟁과 관련한 전봉건의 대표작인 동시에 탁월한 작품이라고 일컬어지는 「꿈 속의 뼈」에서, 그가 의미를 두고 있는 것은 '전쟁'이 아니라, '전장'이기 때문이다.

3) 고은은 당시 전봉건이 5사단에서 많은 노병들과 더불어 가평 전투에 참가했으며, 6개월만에 하사로 제대하였다고 밝히고 있다. 고은, 『1950년대』, 청하, 1989. 98쪽.

는 23세였던 1951년 봄이었다. 그리고 『자유세계』지에 최초의 전장시인 「1백 55야드 전선」을 발표하여 영웅적인 환대를 받게 된다.[4] 당시 적잖은 전장 체험시가 있었음에도 불구하고, 고은으로부터 최초의 전장시라고까지 추켜세워진 까닭은 등단한 시인으로서 실제로 전투에 참여하여 생생한 전장 체험을 적절히 시화하고 있다는 점에서일 것이다. 전장 체험시라고 일컬어지는 많은 시가 대체적으로 휴머니즘을 배면으로 깔면서 화자의 처연함, 감격, 섣부른 실존적 인식을 앞세우거나, 시적 성숙도에 미달하는 감정적 토로에 그친 감이 없지 않다. 이에 비해 전봉건이 보여준 다음과 같은 시는 전장이라는 상황에 내던져진 인간의 모습을 사실 그대로 극명하게 보여주고 있다는 점에서, 당시로서는 전장시의 한 전형을 이루었다고 하겠다.

100 야드 나는 포복하였다.
90 야드
나는 射程을
80 야드로
壓縮시켰다.
65 야드.

---

4) 고은 위의 책, 272쪽. 여기서 최초의 전장시라고 하는 것은 전적으로 고은의 글에 따른 것이다. 이는 6.25 이전 등단한 시인 자신이 군인으로서 실제로 전투에 참여하여 쓴 시라는 점에서 추켜세운 견해로 봐야 할 것이다. 사실 이 당시 넓게 잡아서 전장체험시라고 일컬을 수 있는 대표적인 시집들로 李永純의 『延禧高地』(1951), 柳致環의 『步兵과 더불어』(1951), 趙靈岩의 『屍山을 넘고 血海를 건너』(1951), 張虎岡의 『銃劍賦』(1952), 金淵基의 『勇士의 무덤』(1953) 등이 발간되고 있었는데, '진정한 전장시' 에 대한 고은의 주관적인 관점이 크게 작용한 것으로 보인다. 한편 고은은 "대학 1학년에서 중학 3학년 이상에 걸친 세대를 50년대로 산정할 때, 전봉건은 그런 세대에서 가장 핵심적인 소년이며, 50년대의 주인공이며, 6.25의 장남이다"라고 말하고 있다. 같은 책, 97쪽.

나는 60 야드로
壓縮시켰다.
나는 狙擊兵의 正照準 위에 놓였다.
나는 마지막 수류탄을
던졌다.
……
따발 맥심 自動小銃의 一齊 射擊이 내 심장 높이를
통과하는
45 야드.

나는 머리를 들었다.

壓縮.

―「0157584 . 2」

「0157584」라는 시의 제목은 자신의 군번을 그대로 따 온 것이다. 익명화된 존재로서 '0157584'에게는 어떠한 인간적 정감도 끼어들지 못한다. 마치 사물화된 존재와 같은데, 나에게 주어진 임무는 적의 진지로 전진하는 것이다. 100야드(yard)-91.4m에서 나는 포복 전진하고, 나와 맞선 적의 총구는 나를 조준한다. 점점 압축되는 거리는 삶과 죽음이 팽창된 거리이다. 생사의 정점에서 나는 수류탄을 던지고, 적은 나의 심장 쪽으로 따발 자동 소총을 발사한다. 긴장의 정점에서 머리를 든 나는 '압축' 그 자체이다. 삶은 죽음 가까이에서 바짝 오므라들고, 인간 존재의 모습은 기껏 한 개의 점과 같이 응축된다.

이와 같이 전봉건의 전장체험시가 갖는 의미는 리얼리티에 바탕을 둔 시적 긴장에 있다. 리얼리티는 전쟁에 대한 섣부른 의미 부여나 감상성을 철저히 배제하고, 있는 그대로를 생생하게 전달하고 있다는 점에서 그 의의를 더하고 있다.

> 1) DDT라는 글字가 의미하는 것은 消毒藥 또는 이를 잡는 藥이라는 것이다. 哨煙이라는 글字가 의미하는 것은 수많은 銃砲가 뿜어 낸 煙氣라는 것이다. 地平이라는 글字가 意味하는 것은 땅의 끝이라는 것이다. (山 많은 고장에서는 山의 稜線이 地平일 수밖에 없다) 그런데 1950年代 初 땅 좁고 山 많은 韓半島의 地平 즉 많은 山 山 山 山 山 山의 가파르거나 안 그렇거나 한 모든 稜線에서는 DDT와 哨煙이라는 글字의 意味가 그리 서로 크게 다른 것이 아니었다. 하나는 消毒藥 또는 이를 잡는 藥이라는 意味였고 다른 또 하나는 결국은 消毒함 또는 이를 잡듯이 함이란 意味에 다름 아니었으니까. 거짓말이 아니다. 내 스물세살의 地平(山의 稜線)을 덮은 哨煙은 마치 그곳에 大量으로 撒布된 DDT같은 모양이었다. 영락없이 그런 版局이었다.
>
> –「JET · DDT」 2연

> 2) 나는 발을 구른다. 大隊 끝을 달리는 GMC와 反方向으로 달리는 AMBURANCE에는 발이 軍靴와 凍結된 捕虜가 실렸다고 한다. 점점 激化되는 砲聲이 渾沌한 周邊一帶에 더욱 세차게 퍼부어지는 눈보라. 나는 갑자기 아홉부터 다음을 뭐라고 세는지를 모른다. GMC들은 헤드라이트를 켠다. 눈이 퍼붓는다. GMC들은 피곤하다. 커브. GMC들은 미끄러지며 달린다. 눈이 퍼붓는

다. GMC들은 均衡을 잃어버린다. 핸들이 흔들리고 눈이 퍼붓고 뒤틀리는 헤드라이트 속에 MP처럼 直立하는 NO PARKING. 그리고 ONE WAY.

-「ONE WAY-이 길로는 가기만 합니다」 3연

1)의 시는 전장의 초연이 마치 이(蝨)를 죽이는 DDT와 같다는 단선적인 연상에서 비롯된다. 산야에 가득한 초연 아래 많은 이들이 DDT를 맞은 이처럼 죽어 있다는 셈이다. 죽은 이들은 산의 능선이 지평일 수밖에 없는 수많은 산자락의 땅끝, 말하자면 삶의 끝에 널려 있다. 그런 의미에서 능선은 죽음의 선이다. 그는 자신이 본 형국을 '거짓말이 아니다'라고 강조하면서 어처구니없게도 그것이 진실일 수밖에 없는 전장의 모습을 그려내고 있다.

2)의 시는 죽음의 전장으로 병력을 실어 나르는 GMC와 주검이 되어 전장으로부터 나오는 AMBURANCE의 교차 속에, 모든 것이 죽음으로 치닫고 있음을 극대화하고 있다. 전황이 급박해지고 있음은 세찬 눈보라를 헤치고 달리는 GMC와 격화되는 포성으로 감지되고 있다. 죽음으로 향하는 길에서 불현듯 나는 공포에 휩싸이고 그것을 잊기 위해 아홉까지 세는데, 다음을 뭐라고 셀지 모를 정도로 두렵다. 죽으면 끝이라는 이른바 일회적 존재로서의 나의 생명에 죽음이 엄습하고 있다고 자각하는 동시에, 한편으로는 피곤한 GMC로 표상되는 바와 같이 졸립다. 어디에도 머무를 수 없고 오로지 죽음으로 향하는 유일한 길에서 그는 삶의 균형을 잃어버리고 흔들거리고 있는 것이다. 여기에는 죽음에 처한 인간의 초극 의지라는 도식적인 허장성세가 전혀 없다. 또한 살아남은 자가 죽은 자를 향해 던지는 이데올로기적 의미 부여라는 양식화된 오류도 없다. 그저 죽음을 향해 뛰어든 나를 비롯한 인간 군상

들이 한편으로는 겁이 나고, 한편으로는 졸리운 그 자체로 흔들거리고 있는 것이다.

> 소총을 들고 대치한 최전선의 호속이 바로 죽음과 맞닥뜨린 그런 곳이라 할 수가 있다면, 나는 죽음과 맞닥뜨려서도 오직 맘대로 먹어 허기진 배를 채우고 싶었으며 맘대로 깊이깊이 잠들어서 모자라는 잠을 한껏 누리고 싶었다.[5)]

이를 두고 죽음이라는 종말 앞에 무력하기 짝이 없는 인간의 모습, 그 속에 웅크리고 있는 시인에 대해 신랄하게 비판할 수도 있겠다. 말하자면 "오로지 생물학적으로 '삶의 줄'에 매달려 전전긍긍하고 있는 모습을 초월하여, '끝나 버림'보다 미리 앞서 달려가 스스로의 가능성으로 오히려 죽음을 자신의 가장 고유하고 확실한, 현존재의 가능성으로 수렴하고 있지 못하는가? 죽음의 위협에 자신을 열어 죽음 앞에서 결단을 내리는 '불안에의 용기'를 발휘하지 못하는가?"[6)]라는 점이다. 그러나 죽음과 맞닥뜨려 진솔하게 드러내는 인간의 두려움은 마땅한 것이며, 오히려 그러함으로 해서 산다는 것이 얼마나 소중한 일이었는가를 되돌아보는 성찰의 계기로 자리잡을 수 있다는 점도 간과할 수 없다. 어쩌면 역설적으로 죽음 앞에 두려움이 없다는 것은 이미 자신의 삶 자체에 아무런 의미도 남아 있지 않다는 얘기일 것이다. 전쟁에 뛰

---

5) 전봉건, 「세 토막 생각」, 『전봉건 산문집』, 앞의 책, 139쪽. 이와 비슷한 진술은 그의 『전봉건 시선』, 탐구당, 1985. 「단상」에도 실려있다. 그는 전장이 못 견디게 피곤한 곳, 무서운 곳, 허기진 곳이며, 그러한 가운데 남이야 어떻든 죽지 않고 살았으면 하는 본능적(동물적)인 욕심과 사람다움의 그것이 얼마나 다른 것인지를 똑똑히 알 수가 있었다고 말하고 있다.

6) Franz Zimmermann, *Einführung in die Existenzphilosophie*, 이기상 역, 『실존철학』, 서광사, 1987. 196~199쪽 참조.

어들어 숱한 죽음과 조우하고 선 그들은 두렵다. 더욱이 전쟁은 자기가 만든 것이 아니며, 뚜렷한 이념을 가지고 맞서 싸워야겠다는 의지가 없이, 이른바 아무런 이유도 없이 인간에게 던져진 것(Geworfenheit)이라고 할 때, 이러한 무목적적이고 무지향적 상황 속에 떨어진 인간은 이미 미지의 운명에 내몰린 짐승과 같은 것이다. 그들은 다만 이리 몰리고 저리 쫓기는 본능적인 군상들이며, 지금 여기에 죽지 않고 살아 있다는 사실 하나만을 즐긴다.

> 5時나는壕속에있다水筒手榴彈鐵帽繃帶壓迫繃帶帶劍그리고 M1나는내가壕속에서틀림없이滿足하고있다는사실을다시한번생각해보려고한다BISCUITS를씹는다오늘은이상하게5時30分에또피리소리다9時方向13時方向나는BISCUITS를다먹어버린다6時밝아지는敵稜線으로JET機가쉽게急降한다나는잠자지않은것과BISCUITS를남겨두지않은것을後悔한다6時20分大隊OP에서連絡兵이왔다포킷속에뜯지않은BISCUITS봉지가들어있다6時23分해가떠오른다나는野戰삽으로壕가장자리에흙을더쌓아올린다나는한뼘만큼더깊이壕밑으로가라앉는다野戰삽에가득히담겨지는흙은뜯지않은BISCUITS봉지같다
>
> -「BISCUITS」

새벽녘 화자는 호 속에서 자신이 "틀림없이 만족하고 있다는 사실을 다시 한 번 생각해 보려고 한다". 어제의 야간 전투 혹은 백병전에서 죽지 않고 지금 살아 있다는 사실 하나만으로도 그는 즐겁다. 여기에 드러난 시간 좌표인 5시, 5시 30분, 6시, 6시 20분, 6시 23분은 그에게 의미있는 시간이 아니다. 적어도 의미 있는 시간이 되기 위해서는 공

간과 결합된 상황과 상황적 존재로서의 인간이 설정되어야 하지만 여기서는 전혀 그런 것과는 무관하기 때문이다. 그에게 중요한 것은 지금 살아 있다는 것이며, 비스킷을 씹고, 연락병의 포킷 속에는 아직 뜯지 않은 비스킷이 남아 있는데 나는 다 먹어버렸다는 것과, 야전삽에 가득히 담겨지는 흙조차 뜯지 않은 비스킷 봉지 같다는 생각 뿐이다. 그가 후회하는 것은 잠자지 않은 것과 비스킷을 남겨두지 않은 것이다. 어제이거나 오늘이거나 내일이거나간에 그에게 시간은 무의미함 그 자체일 뿐이다.

"전장에 밝는 아침은 새로이 열리는 아침의 시발점이 아니라 피투성이가 지난밤의 연장일 뿐이다. 전장의 아침에도 해는 떠오른다. 그러나 사람은 지상에서 해를 향해 발돋움하지 않는다"[7] 그에게 아침과 밤의 의미는 이미 없다. 다만 그에게 있다는 것은 죽음과 마주하고 있다는 것이며, 살아남기 위해 허물어진 참호에 흙을 더 쌓아 올리면서, 지상에서 더욱 멀리, 더욱 안 보이게, 깊이 파인 호 속으로 자신을 기어들게 하는 것 뿐이다. 이러한 무의미한 반복 속에 그의 곁에 맴돌고 있는 또 하나의 현상은 권태와 유희이다.[8]

---

7) 『전봉건 산문집』, 앞의 책, 189쪽.

8) 전장 체험시에 나타난 전봉건의 유희의식을 조영복은 "인간의 진정성을 말살하고 파멸시키는 전쟁의 부조리성과 이데올로기의 허구성을 해체적인 방식으로 보여준 것"이라고 의미를 부여하고 있다. 조영복, 앞의 책, 252쪽.

그러나 본 연구자의 관점은 다르다. 전장 체험시에 나타난 전봉건의 유희는 자아와 대립한 세계의 부조리와 허구성을 향한 것이 아니라, 오로지 전쟁에 직면한 인간들의 행동과 생각의 실체를 그대로 보여주는 시적 리얼리티로서 그 의의가 있다. 말하자면 전장 체험시에 나타난 전봉건의 유희는 사상적 담론을 띠고 드러내는 시적 전략으로서의 유희가 아니라, 있는 그대로를 숨김 없이 보여주는 것일 뿐이다.

나는 나무를 겨누어 본다
꼭대기의 잎사귀를 겨누어 본다
그리고 돌멩이를 겨누어 본다
그러다 싫어지면 쑥 총구를 높여서
개머리판에 뺨을 부비면
하늘이 가늠쇠 구멍 속에 들어 온다
M1 가늠쇠구멍 속에 하늘이 벌어진다
M1 가늠쇠구멍 속에 하늘이 작다
그 하늘 밑에 내가 있다
나는 하늘을 본다
작은 하늘은 눈에 해롭다
가늠쇠 구멍이 흐려진다
나는 장난을 고만 둔다.

-「장난」

M1 소총은 죽이거나 죽임을 당하는 비정성의 등가물이다. 화자는 소총을 가지고 나무와 잎사귀와 돌멩이를 겨누어 보다가, 가늠쇠 구멍으로 하늘을 들여다본다. 처음에는 가늠쇠 구멍으로 하늘이 펼쳐지듯 들어오지만, 가늠쇠 구멍으로 무언가를 조준하는 순간에 하늘은 응축된다. 응축된 하늘 밑에 내가 있다는 것은 가상의 내가 조준대상이 되어 있을 경우이다. 그는 죽음의 등가물인 소총이 환기하는 긴장을 가지고 유희한다. 남을 조준하기도 하지만, 자신이 조준되기도 하는 삶과 죽음의 극점에 있는 것이다. 그는 유희를 통하여 조준 대상이 되는 자신을 상정함으로써 스스로의 죽음을 건너다 보기도 한다. 가늠자 위에 놓여진 이미지로서의 내가 환기하는 가상의 죽음은 이미 긴장의 극점

이라고 할 수 있다. 그러나 한편으로 스스로가 상정한 이미지를 철회하면 긴장의 해소는 물론, 가상적인 공간을 벗어나 다시 현실의 살아있는 삶으로 돌아오기도 한다.

전장에서 벌이는 이러한 유희의 본질은 무엇인가? 바꾸어 말해, M1 소총을 가지고 아무데나 겨누어 보기도 하다가, 때로는 스스로를 가늠자 위의 표적으로 상정해보는 놀이의 의미는 무엇인가? 그것은 공포와 불안으로 가득한 현실에서, 죽음에 구속당하여 삶에 매달리는 초조함을 벗어나, 그와는 정반대의 태도를 취하여 모든 것을 무화시키는 뜻깊은 행위가 된다. 그런 의미에서 "유희는 세상밖에 있는 것이다. 聖事는 외경과 불안으로 충만되어 있고, 유희는 가볍게 생각하는 해방이다"[9] 따라서 전장에서의 유희는 공포와의 유희이며, 허구적인 위험과의 유희이며, 자신의 죽음을 가상과 허구의 자리에 두려는 몸부림으로서의 유희인 것이다. 실제로 "유희는 우리가 아무에게도 구속받지 않거나 아무 것에도 집착하지 않을 때, 맛보는 쾌감을 느낄 수 있게 하는 것이다. 말하자면 죽음과 맞닥뜨린 운명을 (가상의-연구자 註) 괄호 안에 집어넣고 죽음으로부터 탈출하는 행위인 셈인데, 놀이에 지치면 유희자는 자신의 진짜 운명과 다시 상면하지 않을 수 없다."[10]

죽음에 직면한 실제 현실과 소총이 환기하는 비장함을 벗어나 유희 속에 자신을 놓아두는 행위인 셈인데, 자칫 죽음으로부터 회피, 혹은 기분풀이 정도로 보일 수 있다. 그러나 유희가 끝나면 자신의 진짜 운명이 지닌 한계에 대한 인식을 맛본다는 점에서 단순한 기분풀이가 아님을 알게 한다. 전봉건의 다음 시는 불확정적으로 다가서는 죽음이

---

9) 진교훈, 『철학적 인간학 연구 1』, 경문사, 2판, 1986. 180쪽.
10) 쟝 스타로벵스키, 「가면의 심문」, 죠르쥬 뿔레, 조한경 역, 『비평과 의식』, 탐구당, 1990. 245쪽. 재인용.

인간에게 제시하는 의미에 대한 시적 성찰을 보여주고 있어 주목된다.

> 산골짜기에서 자랐다고 하였다.
> 그는 이따금 난처한 얼굴을 하고 있었다.
> 나는 위로해 주려고 했다.
> 그러면 그는 말하였다.
> '소새끼가 죽었을 게야 ……'
> 나는 그를 위로해 주려고 했다.
>
> …(중략)…
>
> 그는 이렇게 말하였다.
> <소새끼가 죽었을게야……>
> 헬리콥터가 남으로 기울어져 갔다.
> 그는 그의 산골짜기가 北으로 7마일 남았다고 하였다.
> 19시 半 쯤이었다.
> 그는 재미나는 追擊戰에서 웃으며 달리다가
> 꼬꾸라졌다. 狙擊이었다.
> 눈을 감았다.
> 그는 왼쪽 눈을 감았다.
> 그리고 오른쪽 눈을 감았다.
>
> -「그리고 오른쪽 눈을 감았다」 1연과 끝연

이 시에서 말하고 있는 '그'는 실향민 이북 출신의 병사이다. 그는 소새끼를 놓아두고 쫓겨 온 고향으로 되돌아가는 마음으로 들떠 있다.

고향까지는 7마일, 약 11km이다. 따라서 추격하는 북진의 전투는 그에게 고향에 가까이 다가선다는 것이며 그래서 더욱 즐겁다. 그는 웃으며 달린다. 그리고 총을 맞고 숨을 거둔다. 먼저 왼쪽 눈을 감았고, 다음 오른쪽 눈을 감는다. 그가 각각의 눈을 그렇게 감는 것은 본능적 감각 때문이다. 총에 맞는 순간 그는 자신이 적을 쏴야 내가 살 수 있다는 본능에서 오른쪽 눈을 크게 뜨고 왼쪽 눈을 단단히 감았을 것이다. 총의 가늠쇠 구멍에 적을 넣고 조준하기 위해서는 왼쪽 눈을 감아야 되기 때문이다. 왼쪽 눈이 환기하는 삶의 본능과 뒤늦게 감겨지는 오른쪽 눈이 드러내주는 죽음의 현실은 싸늘하다. 죽음이라는 것이 현재의 순간순간마다 이미 삶 속에 내포되어 있다는 전장이라고 하더라도, 우연히 끼어드는 '낯선 죽음'[11] 앞에 삶은 어떠한 의미도 가지지 못한다. 이것은 비극이다. 그러나 한편으로 "웃으며 달리다가" 죽음으로 끝난 그의 이야기는 마치 희극과도 같다.

> 분명한 것이 하나 있다. 그것은 전쟁이란 사람으로 하여금 비극인지 희극인지조차 분별할 수 없는 상황에까지 몰아 넣는다는 사실이다. 또는 그 상황이 차라리 희극적이기까지 하여서 흔히 쓰는 비극이란 말로는 다 표현이 안되는, 그렇듯 극한 비극을 떠 안게 한다는 사실이다.[12]

11) '낯선 죽음'이란 밖으로부터 우리의 삶으로 향하여 우연적인 무엇으로부터 다가오며, 삶이 완전히 성숙하기 이전에 우리를 엄습하는 죽음이다. 이에 반해 '고유한 죽음'이란 '신에 의해 고용되어 있으며' 삶의 내재적인 필연성으로부터 오는 죽음이다. O. F. Bollnow, *Existenzphilosophie*, 『실존 철학이란 무엇인가』 최동희 역, 서문당, 1972. 149쪽. 말하자면 인간의 죽음이란 어처구니없는 우연성과 싸늘한 필연성을 넘나드는 가운데 이루어지는 것으로, 궁극적으로는 삶 속에 이미 죽음이 깃들고 있음을 드러내는 것이다.

12) 『전봉건 산문집』, 앞의 책, 191쪽.

비극인지 희극인지 모호한 상태, 그 자리에 허무가 깃든다. 차라리 비극이면 비장함이라도 있어서 자체 내의 의미를 내포하고 있으며, 희극이라고 가볍게 치부하기엔 죽음이란 것이 버티고 있어 희떱게 웃지도 못한다. 전장이 허무하다는 것은 바로 이러한 인식의 절멸 상태에 우리를 들게 하기 때문이다. 여기에 애써 '용감하다는 말'[13]로 전장에 뛰어 든 인간들을 평가한다는 것 자체가 또 하나의 희극이 된다. 그들은 용감하지 못하다. 그들은 살고 싶었으나 낯설게 죽었을 뿐이다. 전봉건은 그들의 낯선 죽음을 릴케에 기대어 다음과 같이 쓰고 있다.

> 1)
>
> 壕 밖으로 머리를 들어도
> 총알이 오지 않는다.
>
> JET와 엎드러지는 것
> 이 있었다.

13) 야스퍼스에게 있어 '용감하다는 말'의 의미는 다음과 같다. "생명력 그 자체가 용감한 것은 아니요, 순연한 반항심의 에네르기가 용감한 것도 아니다. 오히려 생존에 대한 집착을 벗어나는 자유 곧 죽을 수 있다는 것이 용감한 것이다. …(중략)… 그것은 자유 속에 서서 몰락하는 비극적인 인간의 내면에 깃든 자유의지를 가지고 자기를 내던지는 하나의 본연적인 계기이며 이 계기에서 비로소 자기의 본연적인 존재의 가능성이 나타난다고 하는 것이다." Karl Jaspers, *Über das Tragische*, 신일철 역, 『비극론』(신조문화사, 1973), 95쪽. 그러나 전장의 현실에 뛰어든 대다수의 인간들은 야스퍼스가 말하는 이러한 용기보다는 오로지 살고 싶다는 본능과 욕망이 더 앞서고 있다는 점을 직시해야 할 것이다. 그런 점에서 전장의 현실을 실존론적으로 허장성세하여 해명하고 그 의미를 부여하는 논의 자체가 전장의 본질적인 차원에서 얼마나 거리가 있는 것인가를 되돌아보아야 할 것이다.

倚子와

RILKE … … …

또 協奏曲 BRANDENBURG와 … …

-「그렇게 머리가 있는 壕」 1~3연

2)

라이나아 마리아 릴케의 詩처럼

마지막

가장

아름다운 한 마디의 이야기를

생각하며

무수히 哨煙속에 묻히어 간

젊은 旗빨들을 위하여

必要한 것은

오늘

봄을 約束하며 나리는 新雪이다.

-「오늘」 1~2연

3)

그러나 여기서는 들리는 목소리가 있다.

…(중략)…

죽어서 말하는 수십만명의 목소리가 있다.

'우리는 젊었었지 그리고 죽었다.
아무튼 우리의 죽음은 우리의 것이 아니다.
사랑하는 여자의 허리를 얼마나 깊이 휘어지는지
모르겠더라고 그렇게 시시덕거리기도 하면서 싸우다가
죽은 우리의 죽음은
자네들의 것이다.
그것은 자네들의 새로운 창조를 의미하라.
그리하여 말해 달라.
우리는 말할 수 없는 이야기를
우리의 목숨과 우리의 죽음은 아무것도 아닌 것이던가 어떤가,
평화나 새로운 희망을 위한 것 그런 것이 아니던가 어떤가.
우리의 죽음에 의미를 주어 달라.'

—「완충지대」· 3

전봉건이 등단 무렵에서부터 시인 릴케에 경도된 바 크다는 것은 앞장에서 밝힌 바 있다. 시 1)에서와 같이 그는 가열한 전장에서 잠시 총알이 날아오지 않는 틈에 환상적으로 의자에 앉아 릴케를 떠올리며 바하의 브란덴부르크 협주곡을 듣는다. 그리고 시 2)에서와 같이 릴케의 아름다운 한 마디 이야기를 생각한다. 아름다운 한 마디 이야기는 '무수히 초연 속에 묻히어 간 젊은 깃발'과 새로운 생명인 '봄을 약속하며 내리는 신설'을 기다리는 것이다.

시 1)은 1953년 9월 『戰線文學』誌에, 2)는 1954년 10월 『平和新聞』에 실린 것이다. 1)에서 그가 릴케를 떠올리고, 2)에서 죽은 이들을 향한 릴케의 아름다운 한 마디의 이야기가 제시되는데, 문제는 그 이야기가 구체적으로 무엇인지 모른다는 데 있다. 따라서 전봉건이 말하는 '릴케

의 이야기란 무엇인가'에 의문을 갖게 되었고, 그 의문은 1958년 10월 『自由文學』誌에 발표된 시 3) 「완충지대」를 통해서 해답을 얻을 수 있었다. 말하자면 「완충지대」를 통해 1953년과 1954년 언저리에 전봉건이 가졌던 생각을 소급하여 재구할 수 있게 된 것이다.

시 3)에서는 죽은 자의 묵시적인 발언의 형식을 통해 이야기가 보다 구체화되어 나타난다. 그것은 '우리의 죽음은 우리의 것이 아니며, 우리의 죽음에 의미를 달라.'는 것이다. 이는 다음과 같은 릴케의 시를 떠올리게 하며, 릴케의 시적 사유가 오롯이 그의 시에 스며들은 것으로 보인다.

오 주여, 저마다 고유한 죽음을 주소서.
사랑과 의미와 고난이 깃든
삶에서 나오는 그 죽음을 주소서.

…(중략)…

이 삶은 죽음을 낯설고도 힘겹게 만들기에
그 죽음은 우리의 죽음이 되지 못합니다.
미처 성숙하기 전에 우리를 덮치는 죽음입니다.
그러기에 폭풍은 우리를 흔들어 떨어뜨리고 지나갑니다.

-R. M. 릴케, 『기도시집』 제3부, 「가난과 죽음의 서」[14)]

이 시에서 말하는 릴케의 '고유한 죽음'은 예술가가 일생의 모든 것을 던져 도달할 수 있는 최종적 목표이며 삶의 열매로 칭송되는 것이

14) R. M. Rilke, *Das Stunden-Buch*, 김재혁 역, 『기도시집』, 세계사, 1992. 137~138쪽.

다. 따라서 죽음은 '파악될 수 없는 것, 경악스러운 것', '삶의 적대적인 운명의 힘'이 아니라, 삶의 궁극적, 결정적 사건이며 절정이 된다.[15] 전봉건이 릴케의 이 시를 읽으면서 릴케와 같은 시적 사유에 도달하고 있다고 보기는 어렵다. 그러나 그는 릴케가 말하는 이른바, '작은 죽음과 큰 죽음' '낯선 죽음과 고유한 죽음'의 의미를 전장의 죽음과 견주어 생각한 것은 틀림없어 보인다. 뜻밖에 인간을 엄습하고 인격적인 자각이 없는 무리들의 죽음, 우리의 것이 아닌 죽음, 아무 것도 성숙시키지 못하고 있는데 우리를 빼앗아 가는 '작은 죽음'에 대한 시적 성찰에 다가서고 있는 것이다. 그들은 전장에서 無名의 집단으로 죽었고, 더욱이 중요한 것은 그들의 죽음이 의미 있는 죽음이 아니라 역사의 폭력 앞에 무차별적으로 무의미한 죽음으로 소외되고 있다는 사실이다. 죽은 그들은 살아 남은 자에게 자신들의 죽음에 의미를 달라고 한다. 전봉건은 그들의 절규에 귀 기울이고 있다.

시 3)을 통해 볼 때, 전후의 전봉건은 릴케의 시적 사유를 자신의 시적 사명과 과제로 여기고, 무명의 주검으로부터 구원과 생성이라는 새로운 시적 지향성을 정립한 것으로 보인다.

사실 그가 전장에 참여하여 쓴 시는 죽음에 직면한 리얼리티로서 시적 진실을 띠고 있었다. 삶과 죽음에 관한 시적 리얼리티에 섣부른 의미를 부여하여 그럴듯한 포즈로서의 시가 되지 않았다는 점에서 그의 전장시가 갖는 시적 의의가 있다고 하겠다. 인간의 나상, 허무라는 이름 하나만으로도 전장시가 가능했으며, 게다가 실존이라는 관념만 적당히 버무리면 시가 되던 제스처의 전장 체험시가 얼마나 많은가? 추상적인 현실 인식, 이른바 6.25적 제스처 속에 휜소한 발언만을 늘어놓

---

15) 위의 책, 137쪽.

은 여타의 다른 전쟁시와는 달리 그의 전장체험시는 진솔하다. 막강한 폭력적 세계 앞에 내던져진 인간의 무력함과 본능에 허청거리는 것은 전장의 본질이다. 그는 인간의 실존적 의지를 앞세우기보다 전장의 실체와 본질을 시화하였다.

그러한 그가 새로운 시적 과제로 떠올린 것은 무명의 죽은 자들이 살아남은 자들에게 던지는 암묵적 발언에 귀 기울이는 것과, 인간으로서의 의미로움을 밝히는 일이었다. 말하자면 "분명히 사자(死者)들은 우리를 택한다. 그러나 맨 먼저 우리가 사자들을 선택했어야만 할 일이다… 그러므로 대자는 자기의 사실성, 그것으로 말미암아 사자들에 대한 전 '책임' 안에 던져져 있다."[16]는 싸르트르의 명제와 같이하는 것이다. 따라서 이후의 전봉건의 시는 살아 남은 자가 밝히는 죽은 자에 대한 시적 책임[17]이라는 자장 안에서 새로운 지향성을 갖게 된다.

---

16) J. P. Sartre, *L'Etre et le Néant*, 양원달 역, 『존재와 무』, 을유문화사, 17판, 1981. 733쪽.

17) 고은은 『1950년대』에서 다음과 같은 말을 했다.

"전쟁은 전쟁에 대해서 문학이 관련되는 것과 반대로 먼저 작가에게 가장 깊은 비극을 제공하지 않으면 안 된다. 그러나 그들은 전쟁을 타율화시켰다. 그 전쟁이 정치적 타력(他力)이라는 것과는 달리 작가는 그것을 자기화함으로써 다시 전쟁과 한 작가가 등가물로 만날 수 있어야 할 때, 그런 작가를 기대하는 것은 허망한가" 앞의 책, 347쪽.

고은이 위에서 말하고 있는 것은 '건너다보는 것이 아닌 자기화된 비극으로서의 전쟁'이다. 고은의 위의 말은 언뜻 '자기에게 닥친 비극'으로서의 의미로 들린다. 그러나 고은의 진정한 뜻은 '자기 비극적 상황과 자학적 지평을 넘어서 주체적 체험에 따른 문학적 긴장과, 더 나아가 허망하게 죽은 자들의 죽음, 그들의 혼을 살아 나온 자가 살려내려는' 실존적 의미와 맞닿아 있는 것이다.

3.2. 절망과 구원의 내면의식

전쟁 후 1950년대에 그가 쓴 시에 대한 논의에 앞서, 제기하는 물음은 다음과 같은 것이다. '전쟁은 자신에게 가장 깊은 비극이며, 그와 전쟁은 뗄래야 뗄 수 없는 불가분의 관계인가?' '살아 남은 자로서 의미 없이 죽은 자들의 혼과 황폐화된 현실을 어떻게 바라보고 있는가?'

인간에게 있어 심대한 비극은 죽어야 한다는 것이다. 그는 전장에서 죽지 않고 살아 나왔다. 그러나 자신을 시의 길로 이끈 형인 전봉래의 죽음[18]은 전쟁의 직접적인 결과가 아니더라도, 정신적 상처 속에 침윤되어 음화화되었을 것이다. 형의 죽음에 대한 그의 영상은 "집 없이 죽은 개처럼 진눈깨비 내리는 밤거리에 누이어진 시신"이다. 또한 전쟁은 자신의 몸에 상흔으로 남아, 늘 안고 살아야 하는 육체적인 상처로도 각인되었다.

지난 봄
中東部戰線에서
銃맞은 검붉은 彈痕 감싸쥐고
일그러진 채 단단히 굳어
움직일 줄 모르는
내 오른 손.

---

18) 전봉건이 제대한 것은 1951년 봄이며, 그의 형 전봉래가 죽은 것은 그 해 이른봄이다. <스타> 다방에서 페노발비탈 한 병을 비우고 스스로 목숨을 끊은 전봉래에 대하여 그는 「스스로 죽는 죽음의 시인들」이라는 자신의 글에서 상세히 이야기하고 있다. 『전봉건 산문집』, 앞의 책, 109~119쪽 참조.

가을도 가고
겨울도 가고
1954年의
4月은 왔다.

그리고 오
내 오른손은 銃맞아 죽어 굳은 한 마리의 새.

―「1954年의 4月은 왔다」 부분

중동부 전선에서 오른손에 부상을 입고 제대하게 된 일은 여러 시편에서 자주 나타나고 있다. "右手把握不能, 病床記章"(「하늘, 지평, 바다」), "총알 맞아 죽어 움직이지 않는 내 손의 손가락들이"(「꿈과 포키트」), "그리하여 마침내 銃알 맞아 쓰러졌던 내가"(「音樂」) 등이 그것이다.

그러나 이상의 사실을 넘어서 주목해야 할 점이 있다. 비록 무명 시인인 형이 진눈깨비 내리는 부산 남포동 어두운 골목 바닥에 거적을 쓰고 누운 시체였다고 하더라도, 그 죽음이 오히려 "떳떳이 사는 길이며, 두려움과 역겨움이 없는 삶의 길로서 진정으로 삶다운 삶을 지키는 길"[19]이어서 그것은 오히려 죽음이 아니라 삶이라는 것이다. 또한 그가 총에 맞아 오른손에 부상을 입었다는 사실 역시 "총 맞아 죽어 굳은 한 마리의 새"로 표상되고 있지만, 좌절과 상처로서의 새가 시인의 의지 속에 스스로의 극복 구도를 보이고 있다는 것이다.

19) 전봉건, 위의 책, 116쪽.

10.

암흑.

11.

나는 본다.
깜깜한 먹장 어둠 속에
살아서 움직이는 것은 가끔 줄지어 내닫는
초속 GMC의 헤드라이트.
그 광망 속에 떠오르는 것은
엄청난 붕괴의 연속 집적.

나는 눈을 감는다.
먹장 어둠 속에서 다시 한 번 먹장 어둠의 문을 열고
더욱 짙은 먹장 어둠 속으로 들어서는 것이다.
그 완전 먹장 어둠 속에서는
어떠한 생각이든 작렬하는 네이팜탄처럼
찬란하다.

나는 생각한다.
나는 물론이고 누구의 기억에도 없는
지도를. 그리고 거기 살아서 날개치는
비둘기를.

-「어느 토요일」 10 · 11

암흑의 전장, 거기에 살아서 움직이는 빛은 GMC의 헤드라이트와 그 빛살 속에 떠오르는 엄청난 붕괴 뿐이다. 그는 차라리 눈을 감는다. 감은 눈의 먹장 어둠에서 한 걸음 더 나아가, 그 어둠의 문을 열고 더욱 짙은 먹장 어둠 속으로 들어선다. 그리고 어둠으로 표상되는 절망의 끝자락에서 찬란하게 살아서 날개치는 비둘기와 만난다. 그 새는 "총 맞아 죽어 굳어버린 한 마리의 새"(「1954년의 4월은 왔다」) 같은 나의 오른손이다. 그 손은 "비 맞고 눈 맞아 포키트가 꿈꾸는 구겨진 꿈 사이를 날고 있다. 만약에 비도 내리지 않고 눈도 내리지 않고 새도 날지 않는 날이면, 비인 포키트는 그냥 비어서 상하고 슬픈 옆구리에 붙어 있을 뿐이다. 새와 같은 나의 오른손은 오히려 어둠 속에서 살고, 그것도 가장 깊은 어둠 속에서 살아서 움직인다."(「꿈과 포키트」)

'어두워서 더 밝은'이라는 역설은 어둠 속에 들어가 스스로 어둠이 되고, 그 어둠에서 비로소 어둠이 끝났음을 선언하는 행위로서 의미를 갖는다. 어둠은 절망과 죽음의 등가물이다. 그는 절망과 죽음이라는 어둠의 공간에 들어 스스로를 죽인다. 하지만 스스로를 죽인다고 해서 그것을 죽음이라고 불러서는 안 된다. "밀란 쿤데라의 말대로 죽는다는 것은 과거를 잃는다는 것이지, 미래를 잃는다는 것이 아니기 때문이다."[20] 그가 죽이는 대상은 전쟁의 폭력으로 점철된 고통스런 역사 속에 상처 입은 자신을 비롯한 민족 모두의 과거이다. 이러한 등식에서 현재와 미래를 향한 과거의 절멸이라는 생성적 명제가 자리잡게 된다. 어둠 속에 들어가 눈을 감아서 다시 더욱 짙은 어둠 속으로 들어가는 행위는, 겉으로 드러난 현실의 어둠으로 세상의 의미를 읽거나 어둠의 세상을 회피하여 도망치려는 어리석음에서 나오는 것이 아니다.

---

20) 카를로스 푸엔테스, 「영혼의 여행자 룬트크비스트」, Artur Lundkvist, *Journeys in dream and imagination*, 이희재 역, 『꿈과 상상의 여행』, 고려원, 1993. 서문, 28쪽.

오히려 자신의 어둠으로 표상되는 절망과 맞닥뜨려 스스로의 내면에서 여는 진정한 세상의 의미, 스스로의 가치로운 세계와 조우하겠다는 의지이다. 이른바 세계의 내면화이다. 따라서 그가 자신의 상처를 말하는 것은 그로 인해 절망한다는 것이 아니라, 상처에 각인된 어둠의 세계에 들어가 절망의 나락에 빛이 깃들고 있음을 인식하는 새로운 나를 만들어 다시 그 어둠을 빠져 나오는 통과제의와 같은 것이다. 이러한 정념을 바탕으로 쓰여진 대표적인 시가 1958년 6월 『자유문학』지에 발표된 「암흑을 지탱하는」이라는 작품이다. 이 작품의 첫머리는 선언적 어조를 띠고 다음과 같이 시작된다.

> 나는 그렇게 생각한다. 수 없이 피투성이가 되었던 우리의 흙이, 無數한 사람들의 痛哭과 怨恨에 사무친 죽음으로 뒤덮인 우리의 흙이, 사과나무를 꽃 피게 하고 그 가지가 휘어지도록 滋養과 甘味의 무게를 주는 일을 되풀이하는 것은, 그 限量 없는 暗黑이 豊饒한 무엇으로 해서 지탱되어 있는 탓이라고-

피 묻은 흙, 죽음으로 뒤덮인 흙은 한량없는 암흑의 흙이지만, 오히려 그러한 암흑과 같은 흙이 자양과 감미의 풍요로움을 향한 것이라는 인식에서 이 시는 출발한다. 추상화된 진술과 발언이 앞세워지는 가운데 에피소드와 같은 이야기를 통해 구체적인 시적 형상화를 획득하게 된다.[21]

---

21) 1958년에 발표되어 그의 시집 『사랑을 위한 되풀이』(1959, 춘조사)에 수록된 이 시는 시적 발언이 앞서고, 친구의 이야기를 통한 시적 형상화에는 크게 미달하고 있다. 그것을 의식해서인지 1983년에 그가 낸 시선집 『새들에게』에는 이 작품에 대해서 상당한 부분을 개작하였는데, 이러한 개작과정에서 생경한 시적 발언이라고 할 수 있는 많은 부분을 삭제하고, 친구의 이야기를 중심 제재로 삼아

그것은 "그날 뚫린 가슴에서 내뿜는 피로 하늘과 땅덩이를 적시는 친구"에 대한 이야기이다. 총알에 뚫린 가슴으로 피를 뿜고 죽어 가는 친구를 어깨에 걸쳐 메고 한 건물의 어둠 속으로 들어간다. 양복장에 반 남아 붙은 거울에 비친 자신의 모습을 망령과 같다고 생각한다. 친구는 죽어가고 있다. 그런데 갑자기 그는 친구의 두 눈에 하늘의 푸름이 어리고, 성좌의 점멸이 스치고, 보이지 않는 강물이 트이는 세계의 열림을 본다. 더욱이 숲이 움직이고 훤히 보이지 않는 길이 흐르는 생명이 가득한 곳에 수많은 생명의 흐느끼는 울음이 나직하게 번져 가는 것을 본다. 그때 죽어 가는 그 친구가 어둠 속의 한 쪽으로 뻗친다. 거기에는 찬란한 기원과 죽음에 대한 줄기찬 거부와 무지개처럼 솟는 성욕으로 한없이 부풀어오르는 항아리가 있었다. 항아리가 갖는 의미에 대한 진술로 시를 끝맺는다.

> 그때부터다, 내가 생각한 것은. 우리의 흙이 철마다 꽃과 열매를 피고 망울져 맺게 하는 것은 우리의 흙의 한량없는 暗黑이—우리들의 오 限量 없는 어둠이 黃金 太陽의 光度에 따라 千變萬化하는 光彩玲瓏한 여인의 허리가, 언제까지라도 젊은 靑磁 항아리가 지탱하고 있는 까닭이라고.

다소 장황하게 살펴 본 위의 시의 요체는 친구의 죽음은 끝이 아니라, 새로운 생명의 시작이라는 것이다. 마치 피 묻은 흙, 죽음으로 뒤덮인 암흑 같은 흙에서 새로운 생명이 움트고, 항아리로 빚어지기도 하

시적 형상화에 이르려고 애쓰고 있다. 본 논문에서는 1950년대에 그가 가졌던 시적 사유가 논의 중심인 만큼 당시의 작품을 분석의 대상으로 삼았으며, 특별한 경우 개작의 내용과 비교 검토하고 있음을 밝혀 둔다.

여 거듭나는 것과 같다. 특히 죽기 전에 친구가 뻗쳐 가리킨 항아리를 보고 "무지개처럼 솟는 성욕으로 한없이 부풀어오르는 것을 느꼈다"라는 점이 주목된다. 이 부분을 후기 개작에서는 "이슥고 무지개처럼 광채 영롱한 성욕이 내 정수리를 눈부시게 꿰뚫는 그 때"라고 하여 이미지의 선명성을 드높이는 한편, 항아리에 관한 형상도 "가느다란 모가지 고운 젖무덤 늘씬한 허리 풍만한 엉덩이"로 바꿔 표현함으로써 감각적 밀도를 더욱 높여 덧붙이고 있다.

친구의 죽음과 나란히 있는 에로스의 의미는 무엇인가? 사실 "죽음의 광경 앞에서, 에로티즘의 의미를 발견하고, 거기에 생명의 약속이 있음을 알기까지는 노력이 필요하다."[22] 그는 친구의 죽음 앞에서 광채 영롱한 성욕을 느끼며, 감각적 밀도로 다가서는 싱싱한 생명력의 육체와 교접하면서 오히려 활기차다. 말하자면 에로스적 상상력에 어떠한 정신적 균열도 끼어 들지 않고 있다. 그러한 까닭에 친구가 죽기 전에 손을 뻗쳐 가리킨 에로스적 세계는 죽음으로써 모든 존재가 부재의 상태로 공허하게 던져지는 것이 아니라, 삶의 욕망으로 충일한 삶의 원천으로서 에로스의 세계에 접어드는 것이다. 즉 죽음에의 충동인 타나토스가 삶의 희열인 에로스의 세계로 전환되는 순간이라고 하겠다. 따라서 친구의 죽음은 부패와 역겨움의 주검으로 끝나는 것이 아니라, 주검이 어둠과 같은 흙에 들어 흙에서 다시 싹을 틔우는 새로운 생명으로의 약속과 기대로 더욱 활기찬 생명력을 확보하게 된다.

이러한 의미에서 전봉건의 흙은, "종다리가 알을 까는 보리밭의 파아란 흙"인 동시에, "달빛에 수 놓인 단풍과 여문 돌배나무가지에 모가지가 긴 새의 울음이 길게 걸리이는 그 때의 피빛의 흙"(「흙에 의한 시

22) George Bataille, *L'erotisme*, 조한경 역, 『에로티즘』, 민음사, 1996. 64쪽.

3편」)이기도 하는, 이른바 삶과 죽음이 통합된 원천이다. 아울러 흙은 삶의 에로스적 욕망으로 환기되는 항아리의 질료로서, 영원을 향해 감도는 고려 청자의 형상으로 완성된다.

그는 1959년에 낸 자신의 시집 후기에서 "시인이 시를 쓰는 것은 무엇보다도 먼저 자기 자신에게 이유와 가치를 주려는 것이다."[23)]라고 밝히고 있다. 삶의 이유와 가치가 상실된 세계, 생명을 잃어버리고 죽음과 허무 속에 유기된 시대에 그가 진정으로 추구하는 것은, 살아 있음의 의미와 살아 있는 자들이 삶의 지향성과 더불어 이루어야 할 가치로운 세계이다. 따라서 자신을 살리고, 무의미하게 내던져진 채 죽은 이들을 살리는 길은 우리 삶의 이유와 가치를 회복하는 길이며, 그것이 곧 절망의 극복으로서 구원이라는 소명의식 속에 깃든 시의 길이 된다.

3.3. 사랑과 희망의 생명의식

전봉건에게 있어 사랑은 전복된 현실을 딛고 일어서는 삶의 희원이다. 피동적으로 감지되는 마음이 아니라, 상실된 존재를 회복하는 능동적인 행위이다. 사랑의 체험은 본질적으로 인간의 존재가 변형되고, 변화하는 움직임과 함께 하는 것이다. 그런 의미에서 사랑은 존재의 눈뜸이고, 변화를 향한 충동과 이상이 내포된 행위의 발현으로서 생명의 원천이 된다. 존재의 눈뜸은 주검으로 가득한 지상 세계에 죽은 자들의 피와 살이 썩어 새로운 생명을 틔워내고 있다는 인식으로부터 출발한다.

---

23) 전봉건, 『사랑을 위한 되풀이』, 1959, 춘조사. 후기, 228쪽.

1950년
6월의 어느 날
동틀 때 날아온 총알 맞아 죽은
한 어린 아기
나는 이름 없는 그 아기의
썩은 살
썩은 피
먹고
핀
꽃인 것이다.

-「고전적인 속삭임 속의 꽃 · 11」 부분

타자의 썩은 살과 피가 나의 꽃으로 생생하게 살아난다는 인식은 단순히 붉은 살점과 피의 영상을 꽃으로 이미지화한 것이 아니다. 그것은 '타인의 죽음으로 살아 남은 내가 인간의 가치로움을 다하는 진정한 길이란 무엇인가'라는 당위성에 관한 존재론적 물음이다. 그들의 죽음이 끝이 아니라 새로운 시작으로서 환희라는 인식은, 그들의 죽음에 의미를 주는 행위이며, 아울러 그들의 죽음과 나의 삶이 미래에도 늘 함께 하는 역사성 속에 그 가치를 더해 나간다는 데 있다.[24] 죽음은 모든 것의 끝이 아니며, 폐허는 모든 존재의 절멸이 아니라는 인식의 정점에 다음과 같은 시가 있다.

24) 이것을 레비나스는 '타자가 된 나'로서 새로운 생산성(비옥성)을 획득하고, 타자의 미래 속에서 자신의 한계를 초월하는 행위로 설명하고 있다. Emmanuel Levinas, *Le Temps et L'autre*, 강영안 역, 『시간과 타자』, 문예출판사, 1996. 141~148쪽 참조.

불바다를 헤쳐 나온 사람,
나무는 그렇게 끔찍했는데
부러지다 남은 가지 끝에 손톱만한
이파리를 파랗게 흔들고 있었지.

그렇지만, 내 눈 언저리를 젖게 한 것이,
나무의 그 푸름,
또 그것은 내 눈물이었을까
나는 모른다.

그래서, 말을 하라고 그러는
너의 검은 눈짓서부텀 시작하는 하늘에
날개치는 새들의 지저귐은
보석처럼 박히고,

-「사랑을 위한 되풀이」 부분

불바다를 헤쳐 나온 사람 같은 나무의 상처 끝에 손톱 만한 이파리가 파랗게 돋아나 있다. '너 살아 있었구나'라는 화자의 마음은 나무를 향해서인지, 스스로를 향해서인지 분명하지 않다. 그래서 "나는 모른다"라고 한다. 그런데 상처 받는 나무가, 혹은 내 자신이, 검은 눈짓을 던지며 무슨 말을 하라고 재촉한다. 무슨 말을 할지도 모르는 사이에, 날개 치는 새들이 던지는 생명의 소리가 내 눈물 속에 보석처럼 영롱하다. 죽음과 고통, 살아 있음의 환희가 통합된 자리에 흘리는 눈물은 정화로서의 의미를 갖는다.

神의
눈물 속에서
그것은 마치
사람이다.
그리고 짐승의
마음으로 잘근
잘근,
그것은 자기를 씹어 먹는다.
신의 눈물 속이다.
그것이
나다.
꽃.

-「고전적인 속삭임 속의 꽃 · 9」

구원의 표상인 신이 눈물을 흘리는 것은 인간이 인간이지 못한 까닭이다. 인간이기도 하지만, 짐승이기도 한 존재가 신의 눈시울에 티끌처럼 들어가 있기 때문이다. 신의 눈 속에 든 티끌 같은 존재는 짐승의 마음으로 살고, 자기의 살을 스스로 갉아 먹는다. 인간은 스스로를 고통스럽게 하고, 그러한 몸짓을 슬프게 보는 신은 눈물을 흘린다. 고통으로서의 인간과 구원으로서의 신 사이에 태어난 '나'가 피눈물을 흘리면 붉은 꽃이 될 것이다. 결국 인간은 고통과 구원의 통로를 거쳐 짐승으로서의 모습을 정화하며, 눈물은 새로운 소생을 위한 씨앗이 된다. 그것은 "암흑 속에서 꽃씨는 꽃들에게 돌아가려는 눈짓"(「완충지대」)을 하는 것과 같다. 처절한 고통의 심연으로부터 비로소 꽃이 되려는 몸짓인 것이다.

> 아직도 글썽이는 눈물이 우리들의 눈동자에 太陽을 뛰쳐들게 하는
>
> 이 事實이. 마지막엔 누구도 證明할 수 없는 回想이 될 것인가.
>
> 나의 사랑이 겨울날 밤의 郊外에 나무를 세워서
>
> 그 검은 꿈과 希望의 두 팔을 뻗쳐서 비이기 만한 하늘을 받치게 하였던
>
> 事實도, …… 우리들의 마지막에 내가 證明할 수 없는 回想이 될 것인가.
>
> 沙漠에 사보텐이 살고 사보텐 꽃이 핀다는 얘기는 아무 것도 아닌 말인가.
>
> 지푸라기가 혹시 피를 흘릴지도 모른다는 생각은 아무 것도 아닌 일인가.
>
> -「마지막에 누구도」 끝 부분

사람의 눈에 태양이 뛰쳐들 수 있는 것은 그가 눈물을 흘리고 있기 때문이다. 눈물을 흘리기 때문에 태양은 더욱 빛나고 영롱하게 내 마음에 깃들 수 있는 것이다. 화자는 지금의 이 마음이 먼 훗날의 회상으로 그쳐서는 안 된다고 생각한다. 나의 사랑은 겨울날 밤, 한적한 교외에 나무를 세워서, 지금은 검지만 꿈과 희망으로 하늘을 받치게 하였으며, 이러한 사실이 먼 훗날 아련한 회상으로 퇴락해서는 안 된다고 여긴다. 화자가 지니고 있는 신념은 황폐화한 사막의 사보텐이 꽃을 피운다는 것과 지푸라기가 썩어 붉게 물드는 피를 흘릴 때쯤이면 그것이 잘 썩어 다른 생명을 틔우게 한다는 것이다. 그 흙의 자리는 "살점 핏방울 떨치며 죽음 떨치며 일어서며 반짝이는 녹색의 차지가 되며"

(「장미의 의미」), 그 꽃들은 "지금 사랑의 깃발"(「지금 아름다운 꽃들의 의미」)로 펄럭인다.

위의 시에서 알 수 있는 바와 같이, 죽은 것을 살리어 내는 생명의 원천은 나의 사랑이며, 희망을 향한 신념이다.

> 죽음을 逆襲하였을 것이다.
> 눈부신 戀愛가
> 햇살처럼 地球를 支配하는
> 時間을 위하여서 너의 天上의 樂器가
> 불붙는 暗黑 속에서
> …… 죽음을.
> 나는 알고 있다.
> <하늘에 핀 꽃> 그러한 것이
> 모든 사람들의 눈동자 속에서
> 태어날 것인가. 허나
> 아 젊은 豹범처럼
> 불붙는 暗黑 속으로 언제나
> 언제까지나 내닫는 너를.
>
> -「꽃 · 天上의 樂器 · 표범」 끝연

사람과 사람이 맺는 눈부신 연애는 죽음을 역습한다. 사랑의 화음을 이루는 천상의 악기는 불 붙는 암흑 속에서 죽음을 노래한다. 천상의 악기가 음유의 시인 올페우스의 악기인지는 분명치 않다. 그러나 노래는 온 누리를 뒤덮어 "하늘에 핀 꽃"이다. 이를테면 삶의 열정과 죽음의 암흑이 혼효된 공간에서의 몸부림이다. 몸부림이 모든 사람의 눈동자 속에서 다시 태어날지는 미지수이지만, 너는 젊은 표범처럼 불같은 열정 속에 암흑의 세계를 내닫는다. 너의 노래는 암흑 속에서 더욱 빛난다.

한편으로 눈물과 더불어 죽어서 씨앗이 되겠다는 이미지와 합일하는 것이 비와 바다의 이미지이다.

> 이윽고 너는 항아리가 되고
> 그래서 나는 흙이 된다.
>
> 종다리가 알을 까는 보리밭의 파아란 흙.
> 버들강아지 색깔의 흙이었다가 진달래가 지고,
> 작약, 牧丹, 맨드라미, 채송화, 고슴도치의 바늘이 풀숲에 나타났다 숨었다 하고 연못의 蓮꽃, 분꽃, 해바라기가 한창일 때의 이글이글 타는 무지개빛. 달빛에 수놓인 丹楓과 여문 돌배나무가지에 모가지가 긴 새의 울음이 길게 걸리이는 그 때의 피빛인 흙. 나는 한꺼번에 이 모든 빛깔의 흙이 되고 드디어 비는 내릴 것이다.
> 비가 내릴 理 없는 外氣圈에서
> 너의 속삭임이
> 또 한번 音樂이 되고
> < 가시난닷
> 도셔
> 오쇼셔……. >
>
> 나는 하늘에서 내리는 비가 되고

비에 젖은 바다가 될 것이다.

-「흙에 依한 詩 三篇」 끝 부분

이 시의 앞부분에서 화자는 "나는 흙을 잃어버렸다. / 비는 허무하게 내린 것이다. / 하늘에서 내리는 비도 / 나는 비에 젖은 바다도 아니었다"라고 말하고 있다. 화자가 흙을 잃어버린 까닭은 지상의 세계가 초연과 탄막과 화망으로 가득해졌기 때문이다. 생명의 원천으로서의 흙이 아니라, 폭력이 난무하는 타락의 흙과 주검이 가득한 단절의 흙이 된 것이다. 그러한 흙에 내리는 비라는 것이 차라리 허무한 것이어서 나는 비가 되기 싫었으며, 따라서 비에 젖은 바다도 아니라는 인식을 하고 있었던 것이다.

그러나 흙의 영원성 속에 빛나는 항아리를 인식하는 순간 비로소 흙에 대한 신념을 회복한다. 흙 속에 사계절이 흐른다. 봄에는 파아란 생명의 흙이 겨울에 스스로 죽어 피빛의 흙이 되는 성스러운 주검을 화자는 보고 있다. 여기에 음악이 흐른다. <가시는 듯 다시 오소서.> 흙은 죽어서 죽는 것이 아니라, 새로운 존재로의 소생을 위해 잠시 부재하는 것이다. 나는 흙을 위한 비가 되고 바다로 흐른다. 이는 마치 T. S. 엘리엇의 「황무지」에서, 자연 순환의 최종기인 겨울의 이미지를 연상시킨다. "겨울의 <茶色의 토지>는 황폐하게 되고, 템즈강은 바다로 흐른다. 이 세계는 물리적으로는 대지의 위에 있으나, 정신적으로는 땅 속에 존재한다. 즉 그림자며 사체며 파묻힌 씨앗의 세계"[25]인 것이다. 마찬가지로 이 시의 화자가 비가 되어 주검의 흙과 하나가 되는 것은 주검의 흙을 다시 틔우게 하는 씨앗이 되기 위해서이다. 비는 흙의 또

25) N. Frye, *T. S. Eliot-An introduction*, 홍윤기 역, 『T. S. 엘리엇의 시세계』, 명문당, 1991. 98쪽.

다른 생명의 원천으로서 씨앗인 것이다.

十月의
少女는
사과 속에
숨어 있다.

순이는 달음박질쳐가서 숨었고
은하는 사뿐히 걸어가서 숨었다.
선희는 어물어물 새도 몰래 숨었고,
춘하는 花瓶 곁에 잠자다가 숨었다.

저 사과 나무밭의 울타리,
저 가시 돋힌 쇠사슬을 넘어서,
저 무서운 銃알이 오고 가던
저 사과나무가지에 오늘 奇蹟 같은 안으로.

—그럼,
사과 나무 밭으로 가 볼까나.
제일 빛나게 익은 큰 것을 먹어야지
내가 사랑하는 소녀가 숨은 사과.

한입 깨물면
나의 소녀는 꽃다발되어 뛰쳐 나올거다.
새까만 사과 씨는 보석처럼

굴러서 대지에 숨을거다.

十月의
少女는
사과 속에
숨어 있다.

-「十月의 少女」

이 시는 전봉건 스스로 술회한 바와 같이[26] "27년이 지난 지금도 바래지거나 손상된 흔적 또한 하나 없는, 생생히 살아서 움직이는 영상 속에 쓰여진" 것이다. 여주와 장호원을 잇는 눈 덮인 길에서 만난 소녀, 초등학교 3, 4학년쯤 되어 보이는 소녀는 피난민의 대열과 함께 남으로 향하던 병사였던 전봉건에게 부모님을 못 보았냐고 애타게 묻는다. 그 소녀에게 끝내 하지 못했던 말을 그는 휴전 후 서울로 환도하여 시를 통해 형상화 한다.

10월의 소녀는 사과 속에 숨어 있다. 그래서 보이지 않지만 우리는 소녀가 거기에 있다고 믿는다. 보이지 않는 것의 존재가 그득히 채워진 세계는 인간이 만나본 적이 없는 순수 무구한 태초의 세계이다. 그 세계에 아이들이 깃들어 있다. 울타리와 가시 돋친 쇠사슬을 넘어서 총알이 오고 가던, 죽음으로 가득 찬 세계인 사과나무 가지 사이에서 사과는 제각각의 모습으로 영글어 가고 있다. 언뜻 사과 속에 박혀 보이지 않는 사과 씨는 닫힌 세계에 살고 있는 것처럼 여겨진다. 그러나 폭력으로 가득한 세계야말로 죽음을 향해 스스로의 세계를 압축시키는

---

26) 전봉건, 「생것과 바다와 소녀의 연상」, 『차 한잔의 시상』, 태창출판부, 1978. 148~151쪽.

닫힌 세계이며, 오히려 사과 씨로서 영그는 그들의 모습이 미래를 향해 열려 있는 진정한 삶이 된다. 인간의 진정한 삶은 바로 이들에게 있는 것이다. “몇 번이나 六월의 들판과 十월의 사과 밭 울타리”(「나비여, 메뚜기여」)를 헤매며 그가 찾았던 것은, 폐허와 죽음이라는 삶의 끝을 딛고 서서, 새로운 삶의 미래를 여는 죽음의 끝으로서 사과밭이었으며, 그 곳에 깃든 소녀가 여는 생명의 원천으로서 씨앗이며 희망이었던 것이다.

> 가난한 누구보다도 더 가난하고, 傷하고 傷한 누구보다도 더 애처롭고 끔찍하게 傷하였기에 노래하리라. 世界의 가장 슬프고 아픈, 낮은 목소리보다 더 낮은 목소리로, 더 높은 목소리로. 전쟁보다도 더 강한 목소리로 노래하리라. 나의 노래를, 노래하리라. 노래하리라. 바위보다도 더 깊은 목소리로.
>
> 사랑을,
> 노래하리라. 銃알이 뚫고 간 나의 손금 위에서
> 나는 사랑을, 나의 廢墟, 나의 손,
> 오 나의 祖國에서 사랑을, 사랑을, 사랑을.
>
> -「사랑을 위한 되풀이」 부분

그의 시는 사랑의 노래이다. 여기에 1950년대 전봉건 시의 의의가 있다. 내면화된 비극으로서 전장 체험을 삶의 의미로 승화시키는 시적 태도, 어둠과 같은 흙의 절망에 들어가 타인의 피가 만든 흙으로 오늘의 우리 삶이 있기에 죽은 자의 삶은 산 자의 기억 속에서 영원히 산다는 인식에 있는 것이다. 따라서 이제는 살아 남은 자가 미래의 씨앗으로 남아 열매가 되는 것이야말로 진정한 삶의 의미라는 시적 전망을 보여준다. 이는 1950년대 황폐화된 현실에 던지는 메시지로서 생생하다.

1950년대 전봉건의 시를 언급하는 데 있어, 한가지 더 지적할 것은 본론의 2장과 3장에서 대상으로 하여 논의한 1950년대 시의 흐름이다. 전봉건은 1950년대 자신의 시적 전개를 4기로 나누고 있다.27) 『문예』 시기, 현역 전투원 시기, 연대시집에 수록된 시 이전과 이후가 그것이다. 굳이 4기로까지 구분했지만 그러한 세부적인 구분은 중요하지 않은 듯하다. 그 까닭은 내밀한 감정의 감각화에 관심을 기울였던 전쟁전과, 전쟁이라는 역사적 상황에 뛰어 들어 인간과 세계의 존재 양상에 대한 시적 의식의 확산을 이루었던 전쟁후가 그의 시의 발전적 형태로 자리잡고 있기 때문이다.28)

말하자면 전쟁전 그가 생각하는 시작 행위의 근원이 스스로의 존재 매김을 향한 내밀한 감각화에 있었으며, 그것이 전쟁이라는 역사적 체험에 녹아 들어가 자신은 물론 세계에 대한 존재 매김으로 확산되었다고 보는 것이 온당하다. 더욱이 그것을 전봉건 시의 원형으로까지 보는 까닭은 전쟁전 시적 감각과 전쟁후 시적 정신이 총체화되면서 그의 시의 독자성을 구축하는 근원으로서 나름대로의 의미를 띠고 있기 때문

27) 김종삼 · 김광림 · 전봉건 연대시집, 앞의 책, 후기 111쪽.

28) 이것을 이어령은 순환적 체험으로 해석하고 있다. 그는 전후시에 있어 현실에 대한 시인의 태도를 A-'행동이 끝나는 데서 언어가 시작된다', B-'언어가 끝나는 데서 행동이 시작된다'라는 두 가지 명제를 통해 그 대표적인 실례로 서정주와 전봉건의 시를 들어 논의하였다. 이때 전봉건의 경우는 A와 B가 부단히 순환되는 경우로 파악하고 있다. 즉 A의 경우 봉건은 '테크니시앙'이 되고, B의 경우 봉건의 시는 참여시로서의 '레지스땅스'가 된다는 것인데, 이러한 지적은 전봉건 초기시의 실체를 적절하게 파악한 탁월한 견해로 여겨진다. 이어령, 「戰後詩에 대한 노오트 二章」, 『韓國 戰後 問題詩集』, 신구문화사, 1961. 324~325쪽 참조.

이다. 이렇게 볼 때 1950년대 그의 시는 우리 시사에 독자적 시세계를 마련하는 입각점으로서 그 의미를 더하고 있다고 하겠다.

4. 현실의 굴절로서 꿈과 환상

4.1. 환상적 이미지와 사상의 쟁점

1960년대 시의 진정한 정체성이란 무엇인가? 필자의 이같은 문제 제기는 전쟁의 여진으로 남겨진 궁핍과 정치적 혼돈, 혁명, 좌절, 역사적 전망의 부재 혹은 새로운 질서를 향한 모색이 혼효된 상황인 1960년대에 시는 어디에 자리잡고 있었는가에 대한 것이다. 일반적으로 순수와 참여라는 등식으로 이원화되는 1960년대 시적 경향은 본질적으로 현실을 인식하는 언어로서 역사적 비전을 열 것인가, 아니면 인식의 메타로서 언어 그 자체로 시가 존재함을 보여줄 것인가의 충돌이다. 전자가 참여시의 경우라면, 후자는 동인지들을 중심으로 전개된 반시 계열과 김춘수의 순수시 등이다.

1960년대에 전봉건은 어디에 있었으며 그의 시는 무엇이었는가? 이에 관한 논의는 이른바 '현대성론'이라는 기존의 논의를 재검토하는 데에서부터 출발하고자 한다. '현대성론'이라는 것은 전봉건의 시각에서가 아니라, 김수영의 관점에서 비롯된 말이다. 1960년대 중반, 김수영이 발표한 일련의 평문 주제는 '시의 현대성'에 관한 문제였고, 논점은 섣부른 기술로 의장한 시의 현대성에 대한 질타이다. "시의 모더니

티란 외부로부터 부과되는 감각이 아니라 내면에서 우러나오는 지성의 火焰이며, 따라서 그것은 시인의-육체로서-추구할 것이지 詩가-기술면으로-추구할 것이 아니다."[1] "내가 보기에는 송욱도 실험을 위한 실험을 亂行하다가 지쳐 떨어진 수많은 소위 모더니스트들과 정도의 차이는 있지만 똑같은 실수를 범하고 있는 것 같다."[2] "우리의 현대시가 겪어야 할 가장 큰 난관은 포오즈를 버리고 사상을 취해야 할 일이다. 포오즈는 시 이전이다. 사상도 시 이전이다. 그러나 포오즈는 시에 신념 있는 일관성을 주지 않지만 사상은 그것을 준다"[3]

김수영이 옹호하는 것은 지성과 사상에 기초한 시의 신념이다. 그가 생각하는 시의 진정한 현대성은 현실과 대척점에 서 있는 인생의 본원적 문제이며, 참여로서의 지성이 갖는 양심의 발언이다. 반면에 그가 질타하는 것은 포오즈로서 시의 기술이며, 실험을 위한 실험의 난행이다. 이러한 태도 아래, 김수영은 그가 판단하기에 "고질적인 매너리즘과 기술의 좌절 등으로 실패하고 있는 신동집, 박남수, 전봉건"[4] 가운데 전봉건을 대상으로 통박한다.

김수영은 전봉건이 쓴 연작시 「속의 바다」와 「환상과 상처」라는 평문에 대해 "이렇게 소위 기성시인이란 사람들이 허술하게 책임 없는 시론을 쓰고 또 그런 시나 시론을 쓰는 신진들의 산파역을 하는 한 우리 시단의 장래는 암담하다"라고 하면서 다음과 같이 말하고 있다.

> 환상시도 좋고 抽象詩도 좋고 환상적 시론도 좋고 技術詩論도 좋다. 몇번이고 말하는 것이지만 기술의 우열이나 경향 여

---

1) 김수영, 「모더니티의 문제」, 『김수영 전집 · 2』, 민음사, 1981. 350쪽.
2) 김수영, 「'현대성'에의 도피」, 위의 책, 359쪽.
3) 김수영, 「搖動하는 포오즈들」, 위의 책, 363쪽.
4) 김수영, 「새로운 포멀리스트들」, 위의 책, 400쪽.

> 하가 문제가 아니라 시인의 양심이 문제다. 시의 기술은 양심을 통한 기술인데 작금의 시나 시론에는 양심은 보이지 않고 기술만이 보인다. 아니 그들은 양심이 없는 기술만을 구사하는 시를 主知的이고 현대적인 시라고 생각하고 있는 모양이다. 詐欺를 세련된 현대성이라고 오해하고 있는 모양이다.[5)]

전봉건을 중심으로 하고 내친 김에 그 외에 많은 평자들을 싸잡아 통박하는 자리에서[6)] 제기된 '詐欺' 운운의 발언은, 김수영의 입장에서 보면 황폐한 현실과 아름다운 환상이라는 추상화된 현실 인식에다 이미지를 적절히 배합하여 자칫 시의 허구성이라는 매너리즘에 빠져 "뒤떨어진 머릿속의 환타지나 이미지나 잠재의식을 내세워 퇴색한 앙드레 브르통을 새 것으로 생각하고 무리를 하지 말고 시인은 자기의 현실(이미지)에 충실하고 그것을 정직하게 작품 위에 살려야 함"[7)]을 역설한 것이다. 이러한 김수영의 통박은 자신의 입장에서 보면 이른바 '현실참여에 바탕을 둔 시인의 양심이냐 아니면 시적 기교냐'라는 양분론에 입각한 것이다. 그리하여 "양심적인 시인으로서 갖추어야 할 신념에 기초하지 않은 환상의 난해함은 사기"라는 이른바 시적 기교주의자들에 대한 김수영의 통박인 셈이다.

'詐欺'라는 말에 크게 거슬린 전봉건 역시 김수영의 신념이라는 것이 시적 변용의 다양성 없이 부로크로 찍어내는 것처럼 특정한 생각의

---

5) 김수영, 「'難解'의 帳幕-1964년의 詩」, 위의 책, 210쪽.
6) 『현대문학』지에 게재된 「한국 현대시의 새 진단」에 뛰어든 필자들을 촌의사라고 혹평하는 가운데, 곽종원은 기본적 이해가 결핍한 경우로, 박철희는 유치한 시평에 불과하며, 이원섭은 상식적인 테두리에만 머물렀으며, 정한모는 우리 시에 대한 해석이 지나치게 안이하고 가공적이라고 통박하였다. 위의 글, 같은 쪽.
7) 김수영, 「文脈을 모르는 詩人들」, 위의 책, 224쪽.

주물 아래 양산되는 것이며, 더욱이 김수영이 내놓는 사상이라는 것 역시 별 것 아니라는 식으로 다음과 같이 반박한다.

> 그는(김수영) 사상은 시에 신념 있는 일관성을 주기 때문에 그것을 취할 필요가 있다고 주장합니다. 그런데 이 '시에 신념 있는 일관성'이 있어야 한다는 것이 구체적으로 무엇을 말하는 것인지 나는 모릅니다. (그는 그렇게만 말할 뿐 더는 설명을 않고 있기 때문에) 그저 시란 것도, 집을 짓는다는 일정한 목적으로 일정한 연장에 의해서 찍어내는 부로크와 같은 그런 성질의 것이라야 한다는 정도로 짐작이 될 뿐인데, 이런 식의 그의 생각이 다 옳고 타당한 것이라 가정을 해도 나는 그의 실제의 경우에서 참으로 기묘한 사실을 발견하지 않을 수 없는 것입니다. …(중략)… (김수영의 「移舍」라는 작품을 예로 들며) 시의 실험, 변화, 다양성 그 모든 경우가 다 신념(사상)을 주축으로 하여 일사불란하게 행해져야 한다는 김시인의 단언 …(중략)… 을 내린 지 반년도 못되어 그는 같은 해 『신동아』 12월호에는 「移舍」와 같은 무사상(無思想)의 작품을 버젓이 내놓고 있는 것입니다. 이 모순은 김시인 자기 자신에게 있어서는 자기 기만이요, 그의 독자에 대해서는 '詐欺'가 되는 것이 아닙니까. 그렇지 않습니까?[8)]

김수영의 시 「이사」를 들며 별 것 아닌 생각을 사상으로 의장하고 있음을 '詐欺'라고 몰아 부치면서, 아울러 「거대한 뿌리」를 들며, 그가

---

8) 전봉건, 「<詐欺> 論-김수영 시인에 부쳐」(『세대』, 1965.2), 268~281쪽.

말하는 사상이 본질적으로 현실 속에 상처 입은 자들의 이해를 거부하는 모순에 있다고 지적한다. 그러나 결과적으로 이 논쟁은 '시의 진정한 현대성이란 무엇인가'라는 본질론에서 비켜나가, 이른바 '難解論'에 대한 '難解論', 문자 그대로 '詐欺論'에 대한 '詐欺論'일 뿐 논쟁의 핵심은 없고 상대방에 대해 변죽만 울리는 격이 되고 말았다.

이러한 일련의 과정에서 지적하고 넘어 갈 것은 김수영의 배타적 관점이다. 심지어 "김수영의 입장에서 전래적 서정시는 타기해야 할 시대착오적 상상에 해당된다."[9] 그에게 있어 전래적 서정시나 그 아류의 작품들은 현실과의 대결 의지와 긴장의 극점이 없이 지나치게 감성에 치우쳐, 세계와의 조화와 화해를 추구하는 현실 순응의 소산이라는 것이다. 그러나 서정시를 아름다움을 느끼고 감정을 그대로 표출하는 정도로 과단순화하거나, 현실과의 대척점으로서 시의 형상화라는 관념을 지나치게 앞세우는 것은 자칫 시의 본령을 오도할 위험이 따른다는 점을 지적하지 않을 수 없다.

그가 신랄하게 비판한 김춘수, 전봉건, 김구용, 신동집, 김광림, 박목월을 다른 각도에서 보면, 지성이나 가슴이 아닌 혼의 순수한 울림과 교감하려는 일군의 시인으로 볼 수 있기 때문이다. 김현은 이들을 '언어파'라고 일컬으면서 "'魔力과 反響'에 역점을 두고 있다는 점에서 언어파라고 부를 수 있는 시인들은 '시는 절대로 묘사해서는 안되고, 항상 곁에서 그리고 멀리서 대상에 交感하는 감정을 야기시킬 것을 암시해야 한다.'는 말라르메의 시학에 입각"[10]한 사람들로 보고 있다. 특히

---

9) 최두석, 「현대성론과 참여시론-김수영의 시론」, 한계전 외, 『한국 현대시론사 연구』, 문학과지성사, 1998. 308쪽.

10) 김현, 「詩와 暗示-言語派의 詩學에 관해서」, 『상상력과 인간』, 일지사, 1973. 50쪽.

"표현과 사상의 문제도 그렇다. 항상 되풀이되는 것이지만 표현과 사상-내용은 떨어질 수 없는 것이기 때문이다. 문제는 떨어질 수 없는 것을 분류시켜 놓고 양자 택일을 강요하기 때문에 생겨나는 것이다."[11] 사상과 내용이 충일하지 않은 시를 공소한 기교주의자들의 포즈나 실험을 앞세운 방황 정도로 폄하하는 김수영의 논리는 1960년대 시적 지향이 척박한 현실 상황에 대한 반영이어야 하며, 새로운 역사적 비전을 수렴해 나가야 한다는 주장이 선행된 데에서 비롯된 것이다.

김수영이 초현실주의의 무비판적 수용을 현대성의 포즈라고 하면서 신랄하게 비판한 전봉건의 시는 당사자인 전봉건의 시적 태도와는 사뭇 다른 것이다. 전봉건은 "시의 경우 실험이란 기법이 불러오는 것이 아니라, 그 시인의 사상이 먼저 불러오는 것이며, 그것은 삶의 추구인 동시에 기법의 추구가 되는 것"[12]이라는 입장을 견지한 시인이다.

전봉건이 볼 때, 김수영이 신랄하게 비판한 서정주, 박목월, 박남수, 김춘수, 송욱 등은 "초현실주의의 수법을 합리적으로 그들 시작에 응용하고 있기는 하지만, 초현실주의를 표방하거나, 그래 본 적이 없는, 제 멋에 겨워 뒤범벅이 된 것이며, 자기 자신도 초현실주의 시인들의 실험과 같은 것을 한다는 생각은 처음부터 없었다"[13]라고 하고 있다. 오히려 그가 경계한 것은 "인생의 비전을 보여 주겠다고 하여 예언자나 지도자가 되는 듯 나서는 사기한 같은 시인"[14]이다.

이렇게 볼 때, 김수영과 전봉건의 논의는 '1960년대 시적 상황과 지향점을 어디에 두느냐'라는 관점의 차이에서 비롯된 것이다. 김수영이 생각하는 시인이란 "상황에 대해서 참되고 명료한 의식을 갖는 것이며,

---

11) 김현, 「전봉건을 찾아서」, 『김현문학전집 3』, 문학과지성사, 1991. 416쪽.
12) 전봉건 · 이승훈 대담, 「김춘수의 허무 또는 영원」, 『현대시학』, 1973.11. 85쪽.
13) 전봉건, 「하아프를 잃어버린 올페우스」, 『세대』, 1964.3. 181~183쪽.
14) 전봉건 · 이승훈 대담, 「김종삼과 빗하와 이상」, 『현대시학』, 1973.7. 76쪽.

상황이 내포하고 있는 위험과 책임을 감수하는"[15] 이른바 싸르트르의 진정성(authenticity)을 실천하는 사람이라면, 전봉건은 김수영의 그러한 시적 행위가 끝없는 자기 지시적 시선에 스스로를 가두는 구속으로 생각한 사람이다. 전봉건은 1950년대에서 60년대에 이르는 우리 시사적 흐름을 "비논리의 논리에 기초한 시 독자성의 심화"[16]로 보고 있다. 말하자면 1950, 60년대의 세계 상황을 '비논리의 논리'라고 하는 역설의 시대로 파악하고 있으며, 그러한 시대에 스스로의 정체성을 확보하기 위한 다양한 변주와 심화 속에 우리 시가 존재하고 있다고 보는 것이다. 따라서 그가 현실을 완전히 도외시하고 오로지 시적 방황 속에 기교에 침잠하고 있었다고 보는 것은 옳지 못하다.

본 장의 3절에서 논의하겠지만, 전봉건의 연작시 「속의 바다」는 세계의 변용으로서 굴절된 현실 인식이다. 기교를 절멸한 가운데, 세계의 반영으로서의 현실 인식이어야 한다면, 우리는 '절망이 기교를 낳고, 기교 때문에 절망한다'라는 李箱의 에피그래프을 떠올리지 않을 수 없다. 신념과 양심에 대한 김수영의 시적 담론이 대사회적으로는 부조리한 현상에 대해, 개인적으로는 자기 풍자까지 포괄하는 데 반해, 전봉건의 시적 신념은 황폐화된 세계와 그로 인한 인간 내적인 상처를 환상 속에 그리는 꿈으로 형상화된 신념이라는 차원에서 지향점을 달리할 뿐이다.

전봉건의 시 정신은 황폐화된 세계에 대한 시인의 인식과, 극복을 위한 꿈의 존재 양식[17]으로서 환상이 창조하는 시적 현실과, 그를 통해 독자에게 새로운 삶의 생명력으로 다가서는 데에 있다.

---

15) James Miller, *The passion of Michel Foucault*, 김부용 역, 『미셸 푸코의 수난』, 인간사랑, 1995. 85쪽.

16) 전봉건 · 이승훈 대담, 「시와 인식 · 존재」, 『현대시학』, 1973.3. 75쪽.

17) 전봉건, 「꽃, 천상의 악기, 표범에 대해서」, 『자유문학』, 1959.2. 206쪽.

앞선 3장에서 논의한 바와 같이 1950년대 초, 그가 인식한 현실은 어둠이며 피이며 죽음이었다. 어둠과 피와 죽음이라는 현실에서 그는 총 맞아 죽은 한 마리 새를 보며(「1954년의 4월은 왔다」), 비둘기처럼 울었다(「강하」). 그러나 살아서 날개치는 비둘기를 보며(「어느 토요일」), 피먹은 흙이 항아리가 되고(「암흑을 지탱하는」), 고통의 흙에서 뒹굴던 내 몸의 김이 하늘로 올라 비가 되고, 그 비가 흙의 씨앗이 되는 체험(「흙에 의한 시 3편」), 혹은 짐승과 같은 인간의 티끌들이 신의 눈시울에 들어가 잘 썩은 그 자리에 꽃이 되어 재생하는 체험(「고전적인 속삭임 속의 꽃」)을 하였다.

1950년대 전봉건의 시는 역설적으로 그의 삶이 죽음과 가까이 있었을 때 더욱 빛났고, 모든 생명들 역시 더욱 영롱하였다고 하겠다. 이를테면 평상시 '진달래꽃이 피었다'라고 인식하는 것과, 도처에 주검으로 가득한 전장에서 '진달래꽃이 피었다'라고 인식하는 것을 견주어 볼 때, 어느 쪽이 사물과 생명의 경외감으로 가득할 것인가. 삶 속에 삶이 있을 때보다, 죽음 속에 삶이 있을 때, 삶은 더욱 아름답고 생명에 대한 경외감으로 죽음 앞에 경건해지는 것이다. 마찬가지로 현실 속에 현실만이 있을 때 우리의 삶은 퇴색되어 가는 것이며, 환상 속에 삶이 있을 때 현실의 삶은 아름답고, 환상에 대한 놀라움과 새로움의 발견으로 현실의 삶을 보다 알차게 생성할 수 있는 것이다. 특히 자신의 삶이 무의미의 연속이거나 어떠한 관념도 끼어들 자리가 없는 경우라면, 그의 상실감을 채울 수 있는 것은 이미지밖에 없는 것이다. 전봉건은 관념으로 주물된 시의 사상, 특히 지성을 의장하고 알레고리적 기법으로 극명하게 제시하는 것이 주류를 이루는 시에 대해 경계한 시인이다.[18)]

한편으로, 1960년대 그의 시가 김춘수의 즉자적인 시, 사물시로서 이미지의 순수성을 견지하려는 것과도 다른 독자성을 지니는 까닭은 현실과 환상을 통합하는 원환적 세계관에 스스로를 두고 있었기 때문이다. 따라서 전봉건의 시세계를 기교주의자가 벌이는 공소한 환상시 정도로 폄하하는 태도는 지양되어야 한다. 그리고 그가 추구하는 시적 세계가, 인식의 메타로서 반시론을 펼쳐 이른바 시의 난해성을 이끈 일군의 시인들과도 다른 독자성을 지니고 있다는 점에서도 중시되어야 한다. 그는 시의 원론에 가장 충실하려던 시인이었다. 후술되겠지만 1960년대 중반에 쓰여진 장시 『춘향연가』는 감각의 전일성으로서 시의 소리와 이미지란 무엇인가를 명쾌하게 제시한 작품이다. 우주와의 일체화로서 에로스 체험을 근간으로 펼치고 있는 그의 시세계를 간과하고, 스타일리스트의 형식주의자라고 통박하는 김수영의 평가는 재고되어야 한다.

요약하면, 1960년대 그의 시는 현실과 환상을 통합하고, 감각의 전일성을 지향하는 이미지의 세계를 펼친 것으로 정리되어야 하겠다.

4.2. 현실과 환상의 변증법

1960년대 초, 전봉건의 시가 자리하고 있는 지점은 현실과 환상의 원환적 통합에 있다.

---

18) 김수영이 「포우즈의 폐해」, 「평균 수준의 수확」이라는 월평에서 추켜 세운 朴義祥의 작품에 대해 『김수영 전집』 382, 385쪽. 전봉건은 박의상의 "알레고리 시가 너무 재주가 승하여 오히려 그 생명의 신선함을 잃으며, 재주로 인해 알레고리의 정신이 자기도 모르게 길들여진 개처럼 완상용이 되어버릴 수가 있다"고 경계하고 있다. 전봉건, 이승훈 대담 「시와 산문성과 지성」, 『현대시학』, 1973.12. 50쪽.

내가 먹은 옥수수도
번갯불과 장마와 아침 달이 만들었다.
돌 부스러기, 벌레, 대낮의 해가 만들었다.
썩은 개 뼈다귀와 저녁 별,
그리고 모든 종류의 바람이 그랬다.
한량 없는 꿈과 어둠을 먹고 살찌는
한량없는 欲情의 흙이 만들었다.
내가 먹은 옥수수는.

-「옥수수 환상가. 4」

위의 시는 1960년 1월 『사상계』 78호에 발표한 작품이다. 번갯불과 장마의 시련과 그러한 시련을 포용하는 대립적 이미지인 달이 하나가 되어 옥수수를 만들었다. 대낮의 해를 자랑스럽게 받아들이지 못하는 하찮은 존재인 돌 부스러기와 벌레가 모두 하나가 되어 만들었다. 영롱한 저녁별과 썩은 개 뼈다귀조차도 하나가 되어, 욕정의 흙은 만들어졌고, 꿈과 어둠을 동시에 아우르는 흙에서 옥수수는 자란다. 말하자면 타락하고 단절된 세계의 부스러기들과 성스러움이 한데 모여 오히려 많은 열매를 맺는다는 세계 인식인 셈이다. 성과 속이 각각 단절되어 있는 것이 아니라, 일원론의 세계에서 통합되어 있다. 성과 속이 영글어낸 옥수수 공간은 남자와 여자가 통합된 세계이기도 하다.

한 사람의 女子 속에 들어 있는
한 사람의 男子.
한 사람의 男子가 들어 있는 한 사람의
女子 속에 들어 있는 한 대의

옥수수.

-「옥수수 환상가. 6」

한 사람의 여자 속에 한 사람의 남자가 있고, 한 사람의 남자 속에 한 사람의 여자가 있다는 것은 모순이며 비논리적인 것이다. 그러나 남자가 남자로만 있거나, 여자가 여자로만 있으면 단절인 동시에 어떠한 생명도 생성시키지 못한다. 따라서 남자와 여자가 하나가 되어야 생명의 생성을 이루는데, 이 시에서는 이미 남자 속에 여자가 있고, 여자 속에 남자가 있어 무수한 생명의 원천으로서 통합을 이루고 있다. 따라서 옥수수는 多産型의 상징이며, 새로운 생성을 향한 무한한 몸짓으로 자리잡게 된다. 새로운 것을 날마다 생성하여 무한하다는 것은 아름답다.

太陽은 몇 개나 있어서
매일 아침 새것이 뜨는 것이었을까.
어떻든 옥수수 한 대의 옥수수 씨알마다
太陽은 하나씩
빛나고 있다.

-「옥수수 환상가. 7」

우리가 매일 보는 태양은 언제나 같은 태양이 아니라, 매일 아침 새로이 뜨는 태양이다. 이 사실 하나만으로도 우리의 삶은 권태롭지 않고, 우리의 일상은 나날이 새롭다. 나날이 새로운 우리의 삶이 옥수수 씨알만큼 너무도 많아, 진실로 우리의 삶은 살아볼 만한 가치를 띠게 되고 무한한 아름다움으로 눈부시게 빛나고 있다.

전봉건의 환상이 공소한 이상에 머무르지 않는 까닭은 그가 이루는 환상이 환상에 대한 환상이거나 단순히 현실에 대한 환상 정도에 그치는 것이 아니라, 현실에 대한 환상과 환상에 대한 현실이 대립·지양하는 가운데 통합하는 변증법적 체계를 바탕으로 하고 있기 때문이다.

꽃이
아니다.
天上의 칼이
가장 밝고 맑은 바람의
고운 자락에서
찍어 낸
살점이다.

그
살점이
뿜은
핏방울이다.

-「꽃은」

천상의 칼인 달은 어둠을 베어내기도 하지만, 어둠 속에 깃든 싱그런 바람도 찍어내어 핏방울의 꽃을 만들어 내고 있다. 달은 어둠으로 표상되는 죽음과, 바람으로 표상되는 생명의 숨결을 동시에 안고 있는 모태이다. 양면성을 아우르고 있는 달의 이미지는 언뜻 모순으로 보이지만, 어둠 속에서 맑은 바람을 찍어냄으로써, 어둠을 지양하는 동시에 새로운 존재를 생성한다.

나는 알고 있다.
저 바람 속에서
떨리는 꽃,
떨리는 꽃잎 위에서
왜 나비 한 마리가
왼몸 떨리고 있는가를

어찌하여
타는 불꽃 그 위에서
불꽃 하나가 또 타고 있는가를.

―「나비 한 마리」

바람은 떨리는 꽃과 떨리는 나비의 존재를 안고 있기도 하지만, 그것들이 불꽃으로 타고 있는 것도 동시에 포괄하고 있다. 꽃과 나비가 불꽃처럼 보이는 까닭은 바람이 불어서 그들을 떨리게 하기 때문이다. 불꽃의 아름다움은 소멸의 아름다움이며, 소멸을 통해서 진정한 아름다움을 생성한다.

보이지 않는
조고만
聖堂에서 굴러온
조고만 鐘소리 하나가
넓은 雪原 한가운데서
동구랗게 머물더니 一點의 피가 된다.
이윽고 한 마리의 큰 까마귀가 와서

그 一點의 피를 물고 새까만 날개를 편다.

새하얀 달이 뜬다. 마리아 같은 ……

-「풍경」

구원의 표상인 성당에서 굴러 온 종소리 하나가 하얀 설원 한가운데서 일점의 피로 죽는다. 그 피를 죽음의 표상인 까마귀가 물고 올라가 새까만 날개 같은 어둠을 온 누리에 펼친다. 어두워서 더욱 빛나는 달이 마리아와 같은 삶의 은총으로 온 누리에 가득하다. 구원의 종소리가 절망의 피로, 절망의 피가 죽음의 까마귀와 만나 짙은 어둠으로, 그러나 그 어둠 때문에 더욱 밝은 빛으로 생성되는 원환적인 인식에 있는 것이다.

이러한 일련의 시는 시적 변용에 근거한 연상의 법칙에 바탕을 두고 있다.[19] 살점이 꽃으로(「꽃은」), 그 꽃은 나비와 함께 불타서 죽지만 더욱 아름다운 꽃과 나비의 불꽃으로 거듭나며(「나비 한 마리」), 다른 한편으로 절망과 구원이 교차하는 성당에서 실로 조그만 종소리 하나가 죽어서 한점의 피가 되고, 그 피의 주검 때문에 더욱 밝은 은총으로 거듭나는 생성의 의미를 안고 있다.

이른바 환상이라는 이름 아래 어루만지는 현실의 상처들이며 그 치유이다.[20] 말하자면 전봉건이 말하는 바와 같이 "주체할 수 없는 상처

19) 이에 대해서는 코올리지의 '상상론'에 나오는 환상 체계를 참조하였음. 이상섭 역, 「상상론」, 김용권 외 역, 『세계 평론선』, 삼성출판사, 1979. 185쪽.

20) 환상과 상처에 대한 논의는 이승훈에 의해 이미지 변용 체계로서 집중적으로 논의되었다. 「전봉건의 상처」(『현대문학』, 1986.6), 「히메로스와 페이서스」(『현대시학』, 1986.6), 「추락과 상승의 시학」(『현대시학』, 1988.8) 등이다. 아울러 박민영의 「전봉건 시에 나타난 불 이미지 변용 연구」(이대 석사논문, 1989), 「전봉건 시에 나타난 꽃과 피의 변증법」(『현대시학』, 1990.6)도 같은 맥락에서 논의된 것이며,

의 그늘을 아름다운 환상 외에는 달리 그려 볼 길 없는 세계"[21]인 것이다.

김수영이 전봉건의 시를 두고 "시적 매너리즘에 빠졌다"고 할 정도로, 계산된 듯한 시적 정감을 연상케 하는 대립적 이미지의 병치-이승훈의 경우는 그것을 시적 변용이라고 하여 극찬하는 쪽에 있지만-는 단순한 이미지의 병치가 아니라, 비논리의 논리라는 시적 역설에 근간을 두고 있다. 따라서 전봉건의 환상을 어둠과 빛, 죽음과 생명, 절망과 구원이라는 이원적 세계를 타고 흐르는 정감을 기본 축으로 보아서, 죽음을 딛고 선 삶의 희원이라는 도식으로 해명해서는 안 된다. 환상을 위한 환상은 더욱 아니다. 다만 한가지 지적할 것은 전봉건의 환상이 감각과 감각의 유사성과 그에 따른 연상 법칙에 지나치게 치중하고 있어, 때로는 감각과 표상의 역전성에까지 이르는 보들레르적 환상[22]에 비하면 다소 미흡한 느낌을 갖게 한다. 말하자면 지각 작용이 혼돈되고, 따라서 모든 관념의 경계가 허물어지는 빈자리에서 자기 자신과 조우하는 진정한 교감의 세계에까지 이르지는 못했다는 것이다.

본 장의 3절에서 후술하겠지만, 그의 작품 「속의 바다」는 그가 경도해 마지않았던 보들레르적 환상의 실험적 시도이다. 그러나 그가 보들레르와 같은 환상 세계에 도달할 수 없었던 까닭은 그가 자리잡고 있는 곳이 보들레르가 존재하는 자리와 다르기 때문이다. 전봉건의 자리

박주현의 「전봉건 시의 역동적 상상력 연구」(서울대 석사논문, 1997.8)도 초기시와 중기시를 대상으로 집중적으로 논의하였다. 또한 기존의 시선인 어둠에 대한 빛이라는 도식을 덧보태어 '원'의 이미지를 통해 해석에 접근한 류경동의 「전봉건 시연구」(고려대 석사논문, 1995.12)도 있다.

21) 전봉건, 「환상과 상처」, 『세대』, 1964.11. 244쪽.

22) J. Kristeva, *Histoires D'Amour*, 김영 역, 『사랑의 역사』, 민음사, 1996. 502쪽.

는 사물들을 건너다보고, 그 사물들에게 의미를 줌으로써 자신도 그와 같은 형상으로 깃드는 곳에 있었기 때문이다. 그가 있는 자리는 현실인 동시에 환상이고, 환상인 동시에 현실이다.

그가 전쟁과 그로 인한 상처와 아픔을 거세하고 환상적인 시를 썼다고 할 때, 과연 어떠한 모습을 띠고 있을 것인가. 전장 체험의 극한 상황을 떠올리지 않을 때, 역설적으로 나날의 삶이 무의미한 채로 던져져 있는 현재는 공허함 그 자체이며, 삶을 삶답게 하는 모든 에너지가 소진되어 버린 것과 같다. 그가 펼치는 환상은 긍정적 세계관을 바탕으로 자신의 앞에 벌여져 있는 무의미한 현실에 가치를 부여하고, 자신의 삶을 삶답게 하는 통로를 마련하는 데에 있는데, 그것은 마치 儀式과도 같이 경건하다.

현실의 벽에는
가끔 거짓말같이 또는 傷痕과 같이
틈새가 난다.
아주 작아서
보일 듯 말 듯한
그 틈새는 꿈으로 이어진다.
수천 년을 두고
수천억만의 노랑 눈 검은 눈
푸른 눈을 별보다 곱게 뜨이게 한 틈새.
거기에서
너는 나를 부른다.
어둠으로 기울어지는 山 마루에 날리는
어둠속에 뒤척이는 바다 위에 날리는

꽃가루 빛의 목소리다.

—「儀式. 1」

현실의 벽에 상흔과 같이 틈새가 나고, 그 틈새는 화자의 꿈으로 이어진다. 틈새 사이로 수천 년이 열려지고, 수천 억만의 갖은 눈들이 곱게 뜨이고 있다. 그러한 영원과 신비의 자리에서 너는 나를 부르는데, 그것은 꽃가루 빛으로 온 누리에 퍼져 나오는 소리가 된다. 황폐화된 현실을 잠깐만 비켜서거나 자그마한 틈새로 보면 더욱 열려지는 세계의 중심에 환상이 있다. 환상의 자리는 현실과 멀리 떨어져 있지 않다. 우리 옆에 있으나, 우리가 열지 못한 세계일 뿐이다. 전봉건은 그 틈새의 세계를 다음과 같이 말한다.

나는 너의 말이고 싶다.
쌀이라고 하는 말.
연탄이라고 하는 말.
그리고 별이라고 하는 말.
물은 흐른다고
봄은 겨울 다음에
오는 것이고
아이들은 노래와 같다라고 하는
너의 말
또 그 잘 알아들을 수 없는 말.
불꽃의 바다가 되는
시이트의 아침과 밤 사이에
나만이 듣는 너의 말.

그리고 또 내게 살며시 깜빡이며
오래
잊었던 사람의 이름을 대듯이
나직한 목소리로 부르는
평화라고 하는
그 말.

–「儀式. 3」

이 시에서 거듭 언급되고 있는 "말"은 예감과도 같은 말이다. 쌀과 연탄이기도 하지만 때로는 별과 노래이기도 하여, 잘 알아들을 수 없을 때도 있지만, 각각의 의미와 가치를 다하고 있는 이 말들은 우리의 삶을 넉넉히 채워 줄 우리들의 말인 것이다. 우리들이 대하는 현실적인 사물이거나, 혹은 상상적인 사물이거나 모두 우리들의 존재이고, 우리가 그것들을 지나치고 있었던 것은 우리 스스로의 상실감 때문이다. 이 각각의 말들이 "살며시 깜빡이며" 놀라움 속에 다가서는 것은 우리가 그들의 존재와 너무 멀리 있었던 까닭이다. 우리가 우리 주위에 아무 것도 없다고 한 공허감은 우리가 그들에게 눈을 돌리지 않았던 탓이다. 그들에게 말을 주어 그들을 충만하게 할 때, 비로소 우리의 삶은 기쁨으로 가득해질 것이다. 말을 주는 행위는 더 이상 그들을 낯설지 않게 한다는 것이다. 마찬가지로 '평화'라는 말이 낯설지 않게 그 의미를 고양시키는 일은 그를 느끼며 살아가고 있어서 그의 곁에 내가 있다고 하는 데에 있는 것이다.

잠깐만 비켜서면 충일한 세계, 그것은 긍정적 사고에서 비롯된 관점이다. 그 속에서 그는 하느님과 놀고(「儀式. 2」), 신이 내버린 모래가 되었다가(「儀式. 4」), 꿈꾸는 눈이 되고(「儀式. 5」), 어린애가 되어 투정을 부린다(「儀式. 6」).

한편 이와는 달리 새로운 시도와 실험이라는 의욕 속에 전개한 시로 주목해야 하는 작품이 다음 절에서 거론될 「속의 바다」이다.

4.3. 생명의 원형질로서 몽환

연작시 「속의 바다」는 1959년부터 1966년 사이에 만들어졌지만, 『춘향연가』와 더불어 동시에 손대었던 것으로, "자신의 능력이 어디까지 미치는가를 확인하겠다"[23]는 생각으로, 또한 스스로가 밝혔듯이 이렇게도 써 보고 저렇게도 써 본 일종의 변주에 속하는 작품이다. 전봉건은 또 다른 대담에서 "「속의 바다」를 쓰기 시작한 1959년을 분기점으로 새로운 시작 태도와 정신 아래 시를 쓰게 되었다."[24]고 말하고 있는데 새로운 시 정신이란 야생 그 자체가 되겠다는 것이며, 시작 태도란 이러한 시 정신에 상응하여 무의식의 단절적 상태를 그대로 적어 보겠다는 것을 말한다.

어린 少女와 함께 날려서 꽃과
풀밭 위에 펄럭이며 떠 있는 女子를
껴안고 굴르고 솟구치는
나의 全部에 꽃이 묻었다.
그러나 그때다 갑자기 내가
구멍 뚫린 한 마리 새가 되어

---

23) 전봉건 대담, 「나의 문학, 나의 시작법」, 『현대문학』, 1983.4. 278쪽.
24) 전봉건·이승훈 대담, 「김춘수의 허무 또는 영원」, 『현대시학』, 1973.11. 75쪽.

空中에 못박혀서 처진 다리 사이로
꽃보다 진한 精液을 흘린 것은
저만치
꺼밋한 草家지붕이 내려다 보이는
언덕에 바람이 있고 女子는 銃을
꺾어 들고 하얗게 웃고 있었다.
또 하얀 銃소리가 나고
또 空中에 못박힌 나는 구멍이 나고
또 꽃보다 진한 죽은 精液을 흘렸다.

-「속의 바다. 13」 끝 연

수수께끼와도 같이 난해한 위의 시에 독자가 참여, 혹은 내면화 할 수 있는 길은 그가 조형한 감성의 세계에 뛰어드는 길 밖에 없다. 그러나 낯선 이미지들의 무차별적 결합으로 인해 그의 시 세계에 함께 하는 것이 쉽지 않다.

시의 화자인 나는 어린 소녀와 함께 꽃과 풀밭 위에 펄럭이며 떠있는 여자를 안고 구른다. 나의 전부에 꽃이 묻는다. 그러나 그때 갑자기 나는 구멍 뚫린 공중에 못 박힌 한 마리 새가 되었고, 처진 다리 사이로 꽃보다 진한 정액을 흘린다. 여자는 총을 꺾어 들었고 하얀 총소리가 났는데, 공중에 못 박힌 나는 구멍이 나고 이번에는 죽은 정액을 흘린다.

'나-소녀-여자-꽃'이 하나로 뒹구는 상황에서, '나'는 '공중에 못 박혀 구멍 뚫린 새'가 되고, 총을 꺾어 든 여자와의 사이에서 구멍이 나서 꽃보다 진한 죽은 정액을 흘리고 있다. 유기적으로 형상화되는 세계에 대한 반역과 교란 사이에 총을 쏘고 구멍이 나는 광태마저 끼어

들어 모든 행위는 가지런한 정형성에서 일탈하고 있다. 전봉건 자신이 말하는 이른바 무의식의 단절적 상태인 셈이다.

따라서 위의 작품을 무의식의 근저를 드러내는 시작 행위로 가늠하고 살펴볼 때, 리비도의 춘화도와 같다는 느낌을 불러일으킨다. 꿈이라는 텍스트 속에 꽃과 구멍이라는 여성 상징과 총이라는 남성 상징을 전제로 할 때, 시에서 '나'의 전부에 꽃이 묻었고, 갑자기 새가 되었다는 진술은 성적인 쾌감 속에 날아오르는 오르가즘의 상징이 된다.[25)] 여기서 새는 공중에 못 박혀서 제대로 날지 못하는 성기능 불능으로 드러나 있다. 그 속에서 그는 정액을 흘렸고, 陰毛로 환치되는 '저만치에 꺼밋한 초가지붕'이 내려다보이는 언덕에서 여자는 성기를 꺾어들고 하얗게 웃고 있다. 또 하얀 총소리가 나며 '나'는 죽은 정액을 사출하는 것으로 끝을 맺는다.

이러한 해석은 자끄 라깡이 말하고 있는 바 "무의식은 언어와 마찬가지로 조직되어 있다"라는 명제를 바탕으로[26)] 환유의 상징 체계를 따라 밝혀 본 것이다. 나름대로의 분석은 했지만 이러한 해석은 늘 귀납적인 오류를 자체 내에 지니고 있기 마련이다. 더욱이 전봉건 자신이 "보통 인간의 언어가 의미하는 어떠한 의미도 지니고 있지 아니한 언어에의 지향, 이른바 언어 표현의 절대적 갱신을 개척해 나가는 데

---

25) 이는 전적으로 프로이트 꿈 해석의 예를 통해 말하고 있는 것이다. 정신분석적 비평가들이 말하는 바는 다음과 같다. 오목한(concave) 이미지 (못, 샘, 꽃, 컵이나 꽃병, 동굴, 구멍 같은) 는 여성이나 자궁의 상징으로, 모든 길쭉한(length) 이미지 (탑이나 산봉우리, 뱀, 칼, 창검 같은)는 남성이나 남근의 상징이다. 축 늘어진 날개는 육체적인 성 불능을 상징하며, 비상의 이미지는 성적인 결합, 불은 尿道性愛(urethral eroticism)의 고전적 상징이라는 것이다.

Wilfred L. Guerin et al, *A handbook of critical approaches to literature*, 정재완 · 김성곤 공역, 『문학의 이해와 비평』, 청록출판사, 1978. 100~116쪽 참조.

26) Terry Eagleton, *Literary Theory : An Introduction*, 김명환 · 정남영 · 장남수 공역, 『문학 이론 입문』, 창작사, 1986. 194쪽.

있어 가장 두드러진 예로 들고 있는"[27] 위의 작품인 까닭에, 앞서 전개한 해석이 섣부른 접근으로 인한 오류로 읽혀질 수 있다. 설령 그렇다고 하더라도 분명한 것은, 연작시 「속의 바다」의 전편에 걸쳐 몽환 속에 뒹구는 남자와 여자, 세상의 빛과 그늘 사이에 교차되는 관능과 죽음으로 충일한 무수한 기호들이 숱한 형상들 속에 난무하고 있다는 점이다.

女子가 있고
그리고 男子가 있고
달리는 말이 있었던 손
달리는 말등에 뜯어 뽑힌 털이
날리는 말등에 女子가 있고
掠奪한 털이 깔린 방바닥이 있고
女子와 男子의 집을 둘러치는
긴 울음 소리가 있었던 손
말굽 소리가 누비는 하늘과 땅이
있었던 손 깨어지는 달빛 부수어지는
햇빛이 있었던 손

-「속의 바다. 12」 3연

위의 작품을 두고 '몽고족의 馬上合歡圖(풀타보리 著『섹스와 테크놀러지』)를 연상'시킨다고 보고 있는 박석기는, 「속의 바다」라는 제목부터가 "말할 수 없는 것을 백열처럼 의식하는 반골적 존재의 도식이

27) 전봉건 · 이승훈 대담, 「시의 현대성과 비평」, 『현대시학』, 1973.2. 96~97쪽.

며, 롤랑 바르트의 표현을 패로디하라면 그것은 가공의 얘기(사랑의 얘기라도 좋고 정액의 밀어라도 좋다)인 것"으로 지적하고 있다.[28)]

「속의 바다」 전편에 걸쳐 기호처럼 떠도는 남자와 여자의 모습, 삶과 죽음의 형상은 어떠하며, 그러한 형상을 통해 전봉건이 궁극적으로 지향하는 시 정신은 무엇인가? 앞서 든 「속의 바다」 12와 13을 제외한 작품들을 일별하면 다음과 같다.

피, 죽은 산양, 죽으면서 푸른 것을 낳는 나무를 산양이 마셔야 하는데 나무가 없다(「속의 바다. 1」). 지구에서 쫓기는 돌멩이, 지구에서 내리는 비, 가을에 검은 비가 내리고 알몸의 너와 나는 자지 않았다(「속의 바다. 2」). 떨어지지 않는 핏자국은 꽃잎이거나 거머리인데 그건 유리가 되고, 유리에서 떨어지지 않는 그것은 살아 있는 핏덩이가 되고, 살아 있는 그것은 한 사람의 여자의 입술이다(「속의 바다. 3」). 하늘은 맑고 사슴이 달렸다. 화살이 사슴의 목덜미를 쏘고 사슴의 피가 날렸다. 사슴은, 뿔은 빛과 그늘에 흩어지는 사슴의 냄새를 좇아 아직도 달렸다. 아직도 하늘은 푸르고(「속의 바다. 4」), 물은 도마뱀의 척추와 꼬랭이 속을 흐르다가, 풀은 그곳에 돋아 났다 죽었다(「속의 바다. 5」). 한 사람의 여자와 한사람의 남자가 서 있었다. 여자의 유방이 불꽃으로 이글거리고 이글거리는 불꽃으로 남자는 달렸다, 껴안았다, 파묻고 문질러대었다. 새가 날지 않는 벽화에(「속의 바다. 6」) 한 사람의 남자를 눈부시게 늠름하게 욕정하게 한 것은 여자의 허리로부터 가장 풍요한 부분, 여자는 울고 있었다, 바람에 날리는 모래 속에서 떨려나면서(「속의 바다. 7」) 여자는 이리처럼 남의 식기의 안을 넘나들었다. 대부분 금이 가거나 모서리가 떨어진 식기, 여자의 눈동자는 석석 베어졌다. 베

---

28) 박석기, 「이런 전봉건론」, 『현대시학』, 1971.3. 83쪽.

어지면서 여자는 굶주린 이리보다도 더 세차게 목줄기를 들먹이는 남자의 곁에서 웃음이었다(「속의 바다. 8」). 너는 구름을 본다. 해안에서는 군대를 실은 배가 떠나고, 사막에서는 싸우고 있었다. 너는 내리는 빗줄기를 보고 있었다. 너는 아침의 바다를 보고 있었다. 기어이 맨발로 달려가고 있었다(「속의 바다. 9」). 원색 사진, 자동 소총의 검은 총구와 풀빛, 벽 속에 한 마리 새가 언제까지나 날고 있다. 벽에 그 속에(「속의 바다. 10」) 나는 모래에 대한 기억을 가진다. 여자의 젖은 발, 전신, 등허리, 열의 손가락, 목덜미로 유방으로 흘러내린 머리칼, 머리를 빗으면 태양의 가루가 날리는 속에서, 여자는 기지개를 켰다(「속의 바다. 11」). 항구엔 부두가 있고 거기엔 여자들이 득실거리고, 병졸들은 어두침침하고 왈칵 역겨워지는 선실에 몸을 풀었다. 여자들의 가지가지 색깔의 엉덩이가 뒤틀리는 물결이었는데, 병졸들은 기관총으로 사람을 쏘아 죽이는 이야기를 하기도 하고 소총에 기름칠을 하기도 한다(「속의 바다. 14」). 태양에 탄 여자가 태양의 바로 아래 바다를 온다. 도발적인 냄새에 절은 배를 타고, 여자는 다리를 고쳐 앉는다. 언제까지나 여자는 나의 총알 구멍이 뚫린 손이 안 닿는 저만치 서 있다(「속의 바다. 15」). 왜 지금 나는 돌인가, 나는 쌓이고 쌓이는 돌의 벽, 거기에 나서 언제나 보이지 않는 바다로 향해 있는 높은 돌 창이다. 여자는 거기에 있다. 나는 여자와 합쳐지지 않는다(「속의 바다. 16」). 남자들과 여자들이 싸웠다. 남자거나 여자거나 짐승이거나 피거품을 물고 아이들은 그 피거품과 살점을 발라 먹고 있다. 어둠의 벽, 그 바다를 헤매이는(「속의 바다. 17」) 아이들은 바닷가에서 텀벙거리고 있고 하늘엔 헬리콥터가 날고 있었다. 어른은 물에서 총을, 탱크를, 수류탄을 건져냈다(「속의 바다. 18」). 우리는 트럭에 실려 있었다. 우리에게는 단 하나의 길이 있었다. 우리에게는 그림자가 없었다. 갑자기 내닫는 들짐승과 날짐승. 그림자가 없었다. 灣은 한창 노을이었고 하늘이 내려와 피를 토하고 죽어 있었다. 우리에게는 단 하나의 길이 있었다(「속의 바다. 19」). 저녁 무렵 사람은 광포하였다. 한 마리의 이리가 토끼를 몰고, 한 마리의 곰이 이리를 때려잡았다. 여자는 그 앞에서 춤을 추고, 그는 카메라의 셔터를 눌렀다. 한 사람의 시체가 떨어져 있었고 사람들은 시체에 덮쳐 들었다. 적당한 외출을 끝낸 그의 수염이 예수 그리스도 같았다(「속의 바다. 20」). 환상이 있었다. 환상은 계속 있다. 곰의 이빨이 물고 있는 그 여자의 시체. 땅은 다시 아무 일 없이 펼쳐지고 검은 것이 얼어붙은 밤을 뚫고 돋아났다. 항아리였다(「속의 바다. 21」). 춤을 춘다. 나는 일식의 아들, 저 물새의 비상이 허망일지라도 나는 춤을 춘다(「속의 바다. 22」).

중심 내용을 통해 살펴본 결과, 알 수 있는 것은 「속의 바다」라는 연작의 시가 광포한 죽음과(「속의 바다. 1, 4, 5, 18, 19, 21」), 전장과(「속의 바다. 9, 10」), 전장과 여자(「속의 바다. 14」), 남자와 여자 그리고 욕망(「속의 바다. 2, 3, 6, 7, 8, 11, 12, 13, 15, 16」)이 일식의 바다에서 춤을 추는 「속의 바다. 22」 패턴 속에 넘나들고 있다는 점이다. 결국 죽음과 에로스적 욕망이 춤을 추는 내면의 바다가 「속의 바다」인 것이다.

언뜻 볼 때, 「속의 바다」에 나오는 남자와 여자 그리고 욕망이라는 것이 리비도의 억압적 형태를 강렬하게 드러내는 앞선 예 「속의 바다」 12와 13의 특기할만한 작품을 비롯하여, 대체적으로 섹슈얼리티의 범주를 벗어나지 못한다는 인상을 주고 있다.

그러나 섹슈얼리티는 전봉건이 가장 폄하하는 것이다.[29)] 그는 헨리

29) 전봉건은 섹슈얼리티를 '병든 에로스'라는 말로 표현하고 있다. 특히 김수영의 시에 드러난 性에 대한 평가에서는 '섹슈얼리티를 가지고 납득이 갈 수 있는 역설을 토로한 시인이라고는 할 수는 있으나 에로스의 시인은 아니다'라고 하면서

밀러의 말을 빌려 "섹슈얼리티는 삶에 있어 블랭크에 불과 한 것이다" 라고까지 하고 있다. 따라서 욕망의 구도 속에 중심으로 자리잡고 있는 '여자'들의 형상을 통한 속내를 되짚어서 살펴볼 필요가 있다. 말하자면 그 여자들이 단순히 섹슈얼리티의 욕정에만 사로잡혀 있는가, 아니면 전봉건 자신이 의도하고 있는 다른 면이 있는가라는 문제의 제기인 셈이다. 간추려 본 결과, 특이한 점이 눈에 띄었다. 그것은 전반적으로 여자들의 형상이 야생의 생명력 그 자체로 다가서고 있다는 것이었다. '죽음을 물고 살아 있는 핏덩이와 같은 입술을 가진 여자'(「속의 바다. 3」), '불꽃으로 이글거리는 유방을 가진 여자'(「속의 바다. 6」), '남자를 눈부시게 욕정하게 하는 여자'(「속의 바다. 7」), '상처와 함께 석석 베어지면서도 웃고 있는 여자'(「속의 바다. 8」), '밝고 눈부신 기억 속에 싱싱한 여자'(「속의 바다. 11」), '도발적인 냄새에 절은 배를 탄 여자'(「속의 바다. 15」), '위악적이고 광포한 곰 앞에서 춤을 추고 곰을 쫓아내는 여자'(「속의 바다. 20」) 들이다. 이 여자들은 모두 죽음과 광포함에 맞서 끓어오르는 욕망을 주체할 길이 없다.

이러한 논점과 연계하여, 죽음은 시대의 어둠이며 허무라는 전제 아래, 전봉건이 김춘수의 이른바 무의미 시가 갖는 뜻을 새기는 과정에서, 자신이 생각하고 있는 시의 역설을 밝힌 다음의 구절은 '속의 바다'에 드러나고 있는 욕망의 원형을 짚어 낼 수 있는 단초로서 그 의미가 깊다.

자신이 지향하는 에로스적 세계와 다르다고 천명한다. 전봉건·이승훈 대담, 「시와 에로스」, 『현대시학』, 1973.9. 21~22쪽.

즉 전봉건은 김수영의 성을 '공허한 性에 대한 역설'로 보는 한편, 그가 생각하는 '진정한 性'은 공허함을 넘어서 영혼과 육체가 '생명력의 전일성' 속에 거듭나는 광의적인 에로스 개념에서 비롯된다는 것이다.

'그 여자를 만나고 싶다. 그녀를 만나러 뛰어가고 싶음이 이 밤의 <허무>라면, 그 여자는 지상에 없고 그래서 그 여자는 나다. 이때 <그 여자는 나다>라는 생각은 논리의 역설이다. …(중략)… 역설의 시, 어떻습니까? 무의미의 극한 또는 허무의 극복이라는 점에서.[30]

광포한 폭력으로서의 전장과 인간의 죽음이 시의 배면으로 깔리거나 일정한 패턴으로 넘나드는 가운데 등장하는 여자들은 자신의 시적 자아이다. 스스로도 밝히고 있는 바와 같이, 초기시가 야생에 대한 그리움이라고 한다면, 「속의 바다」에 들어서 야생 그 자체가 되겠다는 시적 정신이 위와 같은 역설의 자리에서 이루어지고 있는 것이다. 특히 죽음을 껴안고 뒹구는 허무의 나락 속에 하나가 되어 뒹구는 야생적 욕망으로서의 여자가 단순히 섹슈얼리티의 차원이 아닌 구원의 지표로 자리잡고 있다. 「속의 바다」와 연계하여 1968년 『현대문학』지에 발표된 다음 작품에서 확연히 알 수 있다.

나를 노린 총알은 그 정글의 가장 크고 기름진 잎사귀에서 날아 왔다. 등허리를 때리며 박혀 드는 사나운 충격. 나의 전신은 활처럼 휘면서 핑그르르 돌았다.

…(중략)…

얼마나 내려 갔을까. 그리고 나의 下降은 언제 끝났던 것인

30) 전봉건 · 이승훈 대담, 「김춘수의 허무 또는 영원」, 『현대시학』, 1973.11. 81쪽.

가. 거기서부터는 냄새가 있었고 소리가 있었고 성한 빛이 있었다. 길게 드러누운 내 발 끝에는 하얀 슬립을 걸친 여자가 웃고 있었다. 매끄러운 어깨로 내리는 검은 머리. 크고 검은 눈동자. 소리나는 빛의 향기로운 섹스와도 같은 입술. <눈을 뜨셨군요> 여자는 말하면서 내 얼굴 앞으로 와서 앉았다. 무릎위로 말려 오른 슬립. 하얀 허벅지 깊숙한 곳에 프릴이 달린 물빛 팬티. 그 일대는 상아와 수밀도 흑수정과 포도 그리고 가장 햇살이 많은 바닷가처럼 꿀과 크림이 흐르는 바닷가처럼 풍요롭게 숨쉬고 있었다. <여기는 어디요?> <그런 것 아실 것 없어요 쉬셔야 해요 이제 겨우 쉬시게 되신 것을 쉬셔야 해요 정말> <이름은?> <꽃이예요>

…(중략)…

꽃은 겹겹이 포개진 꽃잎. 나는 꽃잎 하나를 헤쳤다. 꽃은 슬립을 벗었다. 나는 꽃잎 하나를 헤쳤다. 꽃은 유방을 드러내었다. 나는 꽃잎 하나를 헤쳤다. 꽃은 프릴이 달린 물빛을 벗었다. 꽃은 팬티를 벗었다. 그리고 나는 꽃잎 하나를 헤쳐 내 가슴을 무릎을 등허리에 넣었다. 가장 짙고 여린 꽃잎을 헤쳐 내 두손을 넣었다. 오오 꽃 속에서 나도 또한 꽃의 향기 꽃의 소리 꽃의 빛이었다 … 그때였다. 갑자기 꽃의 등허리가 활처럼 휘면서 눈부신 머리칼은 사납게 흩어지고 내 등허리엔 때리며 박혀드는 충격이 왔다. 틀리는 아랫도리에 질퍽한 액체. 질척이는 액체. 질척이는 下降.

오오 下降. 그렇다 나는 下降 중이다. 헬리콥터는 下降 중이다. 그 커다란 프로펠러를 숨가쁘게 돌리면서 하늘의 빛을 왼통 휘저어 난도질을 하면서 下降중이다. 내가 下降 중이다.

—「꽃과 하강」 부분

이 시의 화자인 나는 총상을 입고 죽음의 문턱에 다다른다. 전장의 헬리콥터는 세상의 빛을 난도질하고 하강 중이다. 하강은 곧 화자의 죽음을 표상한다. 그러한 화자가 의식의 단절 속에 만난 꽃은 황홀한 섹슈얼리티의 형상이다. 그 여자에게서 생명으로 풍요로운 바다를 연상한다. 어쩌면 삶의 신선한 본능적 자극을 불러일으키며 생명의 충일로 풍요로운 바다 같은 여자가 그의 연작시 「속의 바다」에 나오는 여자의 표상일 것이다. 그는 끓어오르는 욕정과 함께 그 꽃과 같은 여자와 하나가 된다. 하나가 된다는 것은 빛으로 가득한 야생의 생명력에 그 자신이 융합하는 행위인 것이다. 그러나 동시에 그는 하강으로 표상되는 죽음의 세계와 함께 있음을 인식한다. 삶과 죽음이 하나의 자리에서 만난 야생의 생명력으로서 꽃과 같은 여자. 이는 전봉건이 말하는 야생 그 자체의 여자이며, 죽음과 동시에 조우하는 삶의 욕망인 것이다.

그의 시 도처에서 감지되는 '상승과 하강'의 깊이와 높이는 바로 여기에 근거한다. 그는 지상의 껍질을 되돌아보면서 투시하여 본질 인식이 가능하게끔 자신을 변화시키는 초월로의 상승을 기도하고, 그 높이에서 비로소 '꽃들과 말 없는 사물들'의 언어를 이해하는 조응의 세계에 있는 것이다. 이때 하강의 세계에서 볼 수밖에 없는 지상의 껍질과 악의 무수한 불협화음에 대립하여 꾀한 상승은 그의 시적 긴장이며 引力이다.[31] 그의 시적 이미지는 이러한 세계관에 기초하고 있다고 보아야 할 것이다.

황폐화된 현실 인식으로서 죽음의 본능인 타나토스와 그것을 극복할 야생의 생명력과 화해의 에로스가 만나는 자리, 그것은 "오르페우스와 나르키소스의 이미지가 에로스와 타나토스를 화해시키고, 죽음으로서가 아니라 삶으로서의 열반 원칙에 드는 행위"[32]이다. 전봉건 자신도 「속의 바다」에 대한 시작 노트인 「하아프를 잃어버린 올페우스」라는 글에서[33] "문명 비평가로서 세계의 상황의 밑바닥에 닻을 내리는 현대시의 惡戰이 어떠한 예술적 의미를 가지는가에 대해" 고민하고 따라서 '어떻게'의 문제만이 아니라 '무엇을 노래하느냐'의 문제도 함께 제기되고 있음을 강조하고 있다. 이러한 시적 의도 하에 쓰여진 「속의 바다」는 단절된 세상에 야생 그 자체의 생명력으로 다가서려 했던, 이른바 '무엇을 노래하느냐'의 요건에 충실하려 했던 그의 시적 노력이라고 하겠다.

다른 한편으로 '어떻게 쓸 것인가'에 대한 그의 생각은 어떠하며, 앞서 든 시에서 어느 정도 감지되기도 한 '무의식의 단절적 상태'의 시 형식에서 그가 시도하고 있는 것은 무엇인가?

> 연작시 「속의 바다」 역시 혼자 멋에 겨운 결과라는 것을 부인 않는다. 아니 의식적으로 처음부터 혼자 멋에 겨운 것이다. 그래서 작품 '10'이 발표될 때까지만도 수차 '그것이 시일 수 있느냐'는 물음은 있어도 전연 개의치 않았다. 그러나 미쇼적이거나 초현실주의 시인들의 실험과 같은 것을 한다는 생각은

---

31) Hugo Friedrich, *Die Struktur der modernen Lyrik*, 장희창 역, 『현대시의 구조』, 한길사, 1996. 67~68쪽.

32) Herbert Marcuse, *Eros and Civilization*, 김인환 역, 『에로스와 문명』, 나남출판, 2판, 1996. 167쪽.

33) 전봉건, 「하아프를 잃어버린 올페우스」, 『세대』, 1964.3. 176~183쪽.

> 처음부터 없다. 말하자면 '어떻게 노래하느냐'의 문제와 문자 그대로 혼자 멋에 겨워 뒤범벅이 되는 것이다.[34]

전봉건은 초현실주의의 실험과는 상관없이 "문자 그대로 혼자 멋에 겨워 뒤범벅이 된 시"를 썼다고 한다. 이 글에서 초현실주의 시인인 앙리 미쇼를 들고 있는데, 앙리 미쇼-메스칼린을 먹고 환각에 나타난 모양, 무의식의 여러 가지 모양을 기록하고 있는-의 경우에 이르러야 진짜 시이며, 예술가의 양심을 고스란히 드러내는 것이라고 극찬하고 있다. 자신의 경우는 무의식의 단절적 상태를 적어 보려고 했으나, 앙리 미쇼의 경우까지 갈 자신과 용기가 없어 결국 원줄기로 돌아 올 수밖에 없었다고 토로하고 있다. 그러나 비대상의 무의미 시란 시가 닿을 수 있는 최종의 자리로서, 시를 만드는 최후의 기법까지 모두 동원한다는 점[35]에 의미를 둔다.

"혼자 멋에 겨워 뒤범벅이 된 시"란 무엇인가? 그것을 그는 「속의 바다」를 쓸 당시를 회상하는 글에서 '파괴적인 은유법'이라는 말로 대신하고 있다. 이는 60년대 자신이 쉬르레알리즘의 영향 아래 쉬르의 사상이 아닌 쉬르적 기법의 세례를 받아 『춘향연가』와 「속의 바다」를 썼다고 스스로 밝히고 있다는 점에서[36] 쉬르의 기법과도 전혀 무관하지 않은데, '자기 멋에 겨운' 내적 형식의 틀은 무엇인가? 앙리 미쇼가 추구했고 그의 시의 재료가 되기도 한 '<꿈>(넓은 의미에서)의 플라스마(plasma : 원형질)'가 바로 그것이다. 이 때 전봉건의 꿈은 프로이트가 말하는 '억압된 리비도의 표상'의 경향이 없지 않지만-스스로가

---

34) 전봉건, 위의 글, 183쪽.
35) 전봉건 · 이승훈 대담, 「김춘수의 허무 또는 영원」, 앞의 책, 75쪽.
36) 전봉건, 「메모-나의 시, 나의 시론」, 『문학정신』, 1987.3. 294쪽.

언어 표현의 절대적 갱신의 극치라고 말하는 「속의 바다. 13」과 같은— 그보다도 "초현실주의의 대다수 작가들이 스스로를 던져 넣었던 내적 몽환의 세계"[37]에 가깝다고 하겠다.

그러나 당시 전봉건에게 있어 꿈과 환상의 경계는 명확하지 않았던 것으로 보인다. 일례로 「속의 바다. 21」에서는 < 굶주림은 모가지를 졸랐다. / 그리고 환상이 있었다, 봄. / 썩다 남은 물고기의 창자도 없었다. / 그리고 환상이, 주춤거리는 아지랑이 >로 전개되는 데 반해, 이 부분의 시를 대폭 개작하여 「속의 바다. 19」로 낸 『아지랑이 그리고 아픔』이라는 시집에서는 <굶주림이 모가지를 졸랐습니다 / 그래서 꿈을 꾸었습니다 / 썩은 물고기의 창자도 없었습니다 / 꿈은 주춤거리는 아지랑이었습니다>와 같이 '환상'이 아닌 '꿈'으로 바꾸어 표현하고 있다.

'환상'으로 표현된 앞선 시에서는 '사람들이 곰을 습격하고, 한 사람의 척추가 곰의 이빨 사이에서 부서지고, 또 사람이 곰의 눈을 까부수는' 알레고리적 상징으로 전개되는 반면, '꿈'으로 표현된 뒤의 시에서는 '여기저기에 싸움이 벌어지고 비명 소리가, 척추가 부서지기도 하고, 부서진 눈알에 피거품이 뿜어지는' 전장의 기억과 꿈에서 부유하는 따뜻한 팔, 유방, 풍요한 허리'의 교차 속에 시가 이루어지고 있다.

'환상'과 '꿈'으로 넘나드는 것은 「속의 바다」를 쓸 당시, 그가 '환상'에 대한 정확하고도 뚜렷한 문학적 개념 하에 시를 쓴 것이 아니라, 일반적으로 일컫는 몽환의 세계를 자의적이며 광의적으로 쓰고 있었던 것에서 비롯된다.

그 이유는 첫째, 현대적 환상 작품의 정의와 분류에 의하면 진정한 환상 문학이란 알레고리적, 상징적, 비유적 기능이 제거되어 표현되어

---

37) Andr Breton, *Second manifeste du Surréalisme*, 송재영 역, 『쉬르레알리즘 선언』, 성문각, 1978. 120~121쪽, 각주 10.

야 하기 때문이다.[38] 따라서 곰과 인간의 싸움이라는 알레고리로 전개되는 상징으로서의 역할을 띤 앞의 시는 이미 작위성이 개입되어 진정한 환상으로서의 개념과 범주에 들지 못한다.

둘째, "현실이 환상으로 변한다면 그 환상은 하나의 현실로 느껴지며, 따라서 시인에게는 환상이 순전한 조작이나 허위의 환상과는 다른 어떤 다른 힘을 가지고 다가드는 바, 환상이 전개되는 곳은 각성의 차원과 꿈의 차원 사이에 있는 중간적 차원"[39]이라는 것이다. 이러한 점에서 전봉건이 후기에 개작한 작품이 전장의 현실과 꿈의 언저리를 넘나들면서 표현되어 어느 정도 환상의 틀을 갖춘 시라고 할 수 있다. 그런데 그는 그것을 '꿈'이라고 개작하고 있다. 따라서 「속의 바다」는 꿈과 환상의 경계가 불분명한 채, 혼효된 몽환의 세계라고 하겠다.

그는 「속의 바다」를 쓸 당시, 시의 환상에 대해 "'미의 환각'이요, '아름다운 것은 획득되지 않고' 하는 상처, 아름다움을 환상 밖에서는 그려 보지 못하는 주체할 수 없는 상처가 깊게 그늘져 내리는 것"[40]으로 설명하고 있다. 실제 작품에 비해 지극히 소박한 환상론인 셈이다. 이러한 환상론을 바탕으로 그의 말대로 "제 멋에 겨워" 쓴 「속의 바다」는 '환상'도 아니고, '꿈'도 아닌 어정쩡한 몽환의 자리에 머무른 작품이 되고 말았다. 그러기에 개작을 많이 한 시인으로 알려진 전봉건이

---

38) 토도로프는 환상문학으로부터 알레고리와 시를 분리해 낸다. 그에게 있어 환상문학은 시가 아닌 소설에 한정되며 그것은 알레고리적 구조를 지녀서는 안 된다는 결론에 이르고 있다. 토도로프의 구조주의적 관점에 대해 약간의 수정을 가해 환상적 시가 성립될 수 있음을 밝힌 아나 바레네치아는 환상이 문자적 의미의 단계에서 유용되고 있으며, 그런 작품들에서는 알레고리적, 상징적, 비유적 기능이 거의 제거된 채 쓰여 있다고 말하고 있다. 황병하, 「환상문학과 한국문학」, 『세계의 문학』, 1997년 여름호. 129~135쪽 참조.

39) Marcel Raymond, *De Baudelaire au surrfifvlisme*, 김화영 역, 『프랑스 현대시사』, 문학과지성사, 1983. 301쪽.

40) 전봉건, 「환상과 상처」, 『세대』, 1964.11. 244쪽.

가장 많이 고치고 다듬은 작품이 「속의 바다」였다는 것은 우연한 일이 아니다.

반면에 '어떻게 쓸 것인가'의 문제에서 실험적 시도로 행해진 「속의 바다. 10」에 대한 김춘수의 다음 글은 당대 전봉건의 시적 특성을 적절하게 지적한 것으로 보인다.

> 봉건에 대하여 필자(김춘수)는 <이 시가 슈르의 시만큼 이미지는 순수하다. 그런데 왕왕 슈르의 시에서 보는 당돌한 이미지와 이미지의 충돌 내지 단절을 이 시에서만 볼 수가 없다. 적당히 합리화되고 있다. …(중략)… 알맞게 물을 타서 슈르의 알콜분을 덜어 주어 마시기에 좋도록 해주는 재능-이 재능은 슈르의 酒毒을 주독인지도 모르고 들이키고 있는 딱한 사정들에 비하면 얼마나 구원이 되고 있는지 모른다.[41]

아무리 몽환이라도 합리화되는 선에서 이루어지는 무절제의 절제. 그러한 의미에서 무의식의 단절, 혹은 몽환의 늪에 들었다고 할 수 없을지도 모른다는 지적인 셈인데, 김춘수는 독자적인 세계에서 수렴하고 있는 초현실이라는 점에서 극찬하고 있다.

서정적 발화 못지 않게 전봉건이 1960년대 이후 연작시 「속의 바다」를 새로운 시적 실험과 시도로서 설정하여 엮어 본 것은, 수단으로서의 언어적 심상들(Bilder)이었다. 비유, 은유, 상징의 텍스트적 결(texture)을 통해 '저쪽의 현실'을 재구하여 '이쪽의 현실'로 드러내고자 하는 나름대로의 뜻 있는 행위를 벌였다. 결론부터 앞세우면 이미지와 이미

41) 『김춘수 전집 2』(문장, 1984), 321쪽.

지가 부딪쳐서 낯선 이미지가 파생되고, 그에 따라 애초의 주관적 관념마저 배제되어 낯선 시혼으로 떠다니는 이른바 무의미의 시에까지 이르지 못했다. '이미지 파괴'를 앞세우고 스스로가 실험적 시의 시도라는 명제 아래 접근했던 연작시 「속의 바다」가 초기의 발표와는 상당히 다르게 개작의 과정을 거치면서 다시 긴밀한 이미지와 문맥이라는 논리적 텍스트로 바뀌는 것을 보면, 전통적인 주관주의의 범주에서 크게 벗어나지 못한다고 하겠다. 왜냐하면 '감응하는 정서'라는 헤겔의 서정시 정의에 바탕을 두어, 외적 현실을 응시하고 그것과 같거나 다른 이미지를 재구축하여, 마치 서정적 드라마와 같이 오직 시인 자신의 '이쪽의 현실'에 충실하는 것이 시의 본질이라고 생각했기 때문이다.

전봉건은 자신의 시론집에서, "상은 빛깔과 소리와 내음을 지니는 확고하고 절대의 상태로서, 상상 속에서의 계산이 결과하는 것이기 때문에 시인 자신도 설명과 해설이 불가능한 경이의 경지이며, 迷兒로서의 상이 끼어 들지 않게 하기 위해 정확하고 세밀하게 계산해야 한다." (118~119쪽)고 말한다. 빛깔과 소리와 내음을 통하여 죽어 있는 사물들에 생명력을 불어넣는 상상력 속에 상이 자리잡고 있다는 말이다. 이른바 '그대 자신의 相應의 거울'이라는 '마음속의 풍경'을 구성함에 있어 '자연에 대한 감정'이 개입되고, 감각적 세계로부터 취한 것들은 시인이 자기 자신과 꿈의 상징적 비전을 다듬어 만드는 재료로서, 혹은 자신의 영혼을 표현하는 수단으로서 이미지를 필요로 한다는 것이다.[42] 전봉건이 경도해 마지않았던 보들레르의 시 '相應'(Correspondances)을 연상케 하는 위의 말은 육화(incarnation)된 덩어리로 혼의 전일

---

42) Marcel Raymond, *De Baudelaire au surrfifvlisme*, 김화영 역, 『프랑스 현대시사』, 문학과 지성사, 1983. 27쪽.

성을 획득하여 궁극적으로 주체와 객체가 상호 흡수되는 범우주적인 교합으로서의 일체화의 상태에까지 나아가야 한다는 전봉건의 시적 명제가 되기도 한다.[43)]

그가 '상징'의 시인이라기보다 '이미지'의 시인인 까닭이 여기에 있다. 꿈꾸는 자들에게 있어, 상상력의 세계에는 눈에 보이지 않지만 그 무엇인가 존재하는 것들의 꿈틀거림이 있다. 비가시성 속에 펼쳐지는 찬연한 이미지의 세계는 이미 생명으로 가득한 곳이다.

이미지의 세계는 인식의 미분화를 바탕으로, 비워지고 채워지는 순환적 패턴에 본질을 두고 있다. 관념의 세계에서는 모든 경계가 뚜렷하지만 이미지의 세계에서는 '보이지 않지만 거기에 있고, 거기에 있지만 보이지 않는' 일원화의 특성을 지니고 있다. 그 까닭은 이미지가 실재의 덩어리로 존재하는 것이 아니라, 오로지 要素만으로 세계를 구성하고 있기 때문이다. 예컨대 어머니가 죽어 없더라도 따뜻한 바람 한 자락이라는 요소만으로도 어머니가 내 곁에 있는 것이라고 생각하는 것과 같다. 이미지의 세계에 있어 실재란 존재하지 않으며, 모든 것은 요소로 세계에 채워져 있다가 비워져서 요소로 되돌아 갈 뿐인 것이다. 이러한 의미에서 이미지란 시간과 공간의 분화를 넘어선 합일의 세계, 그 자체이다. 지각의 인식을 넘어서 모든 사물에 머금은 모습이 인간시 본상으로 치환되는 이미지의 세계가 전봉건 시의 원천이다. 그 속에 깃든 비전은 삶과 죽음의 경계를 넘어서 영원한 생명의 요소로 가득한 에로스의 세계이다.

---

43) 이 부분에 대해서는 5장 1절 '에로스적 교감과 역동적 상상력'과 6장 2절 '표상으로서의 세계와 시적 상상력'에서 상술할 것임.

5. 우주와의 일체화로서 에로스

5.1. 에로스적 교감과 역동적 생명력

전봉건 시의 바탕을 이룸과 아울러 그의 모든 작품 속에 녹아 들어가 한 줄기를 이루는 근원에 에로스가 있다. 에로스적 세계관은 거의 모든 작품을 관류하고 있다고 할 수 있는데, 특히 1960년대 발표한 연작시 「속의 바다」와 장시 『춘향연가』에서 정점을 이루고 있다.[1]

전봉건 시에 나타나고 있는 에로스적 양상에 관한 대체적인 연구나 자리 매김은 거의 한결같다. 1950년대 시를 중심으로 에로스적 상상력을 살펴본 이광호는, 그것이 폐허의 현실에 대한 반대 명제로서 생명력의 재생이며, 관능적 신화를 재현하여 인간적 정체성을 회복하기 위한 계몽적 관능주의로 보고 있다. 현실원칙의 억압을 넘어서 상상적인 수준에서 쾌락원칙을 보존하려는 욕망의 담론인 셈이다.[2] 문해경도 비

---

1) 「속의 바다」의 경우 앞선 4장 3절에서 논의하였으므로, 여기서는 『춘향연가』와 에로스 체험을 형상화한 여타의 작품들을 대상으로 논의하였다.

2) 이광호, 「폐허의 세계와 관능의 형식-전봉건론」, 송하춘 · 이남호 편, 『1950년대의 시인들』, 나남, 1994. 272~278쪽. 앞선 연구자인 이승훈 역시 전봉건의 에로티시즘의 성격을 마르쿠제의 관점에서 읽어내려고 하였다. 이승훈 · 전봉건 대담, 「시와 에로스」, 『현대시학지』, 1973.9. 16~17쪽.

슷한 견해를 보여주고 있는데, 전쟁체험을 바탕으로 한 죽음의 의식을 여성이 가진 관능적 이미지로 환치시킴으로써 에로스적 상상력을 발휘하고 있으며, 이러한 기저에는 죽음에 저항하고 생명을 유지하려는 생의 본능이 자리잡고 있는 것이라는 지적이 그것이다.[3] 이명희는 에로스적 상상력을 고향의식으로까지 확대하여, 절제와 포용의 여성적 이미지에서 근원을 이룬 에로스적 상상력이 전쟁의 상흔을 환기시키는 동시에, 끌어안으며 결실을 이루는 고향에까지 닿는다고 한다.[4] 박영민은 이미지 현상학을 바탕으로, 전봉건의 에로스적 상상력이 이른바 자궁회귀본능으로서 타나토스적 죽음의 본능과 삶에의 본능이 결합된 몽상, 즉 바슐라르가 말하는 엠페도클레스의 촛불에 대한 컴플렉스의 소산이라고 보고 있다.[5]

이러한 모든 논의는 황폐화된 현실 인식으로서 전장체험의 소산인 죽음의 본능, 즉 타나토스와 그것을 화해시킬 삶의 본능으로서의 에로스가 넘나드는 가운데 그의 시적 상상력이 구축되고, 그러한 세계가 어둠과 빛, 하강과 상승의 이미지로 구현된다는 점으로 수렴되고 있다. 말하자면 프로이트가 말하는 죽음의 본능에 기인한 열반원칙의 변형으로서 생명본능, 혹은 리비도의 영향으로 쾌락원칙으로 이행한다는 논거[6]를 바탕으로 한 것이며(문해경, 이명희, 박영민), 억압적 현실을 넘

3) 문해경, 「전봉건 시 연구」, 경희대 석사논문, 1995.2. 52쪽.

4) 이명희, 「전봉건 시에 나타난 에로스적 상상력과 고향의식」, 정창범 편, 『전후시대 우리 문학의 새로운 인식』, 박이정, 1997.8. 245쪽.

5) 박영민, 「전봉건 시에 나타난 불 이미지 변용 연구」, 이화여대 석사논문, 1989. 66~67쪽. 참고로 그리스의 철학자 엠페도클레스의 이름에서 빌려 온 이 개념은 삶의 본능에서 자신을 파괴하여 재생의 기회를 얻는 것을 말한다. 엠페도클레스는 말년에 자신이 신이 되기 위해 에트나 화산에 뛰어들어 이 세상과 저 세상을 잇는다는 생각 아래 자신을 파괴하여 재생의 길을 찾는다.

6) 『프로이트 전집 14』, 박찬부 역, 『쾌락원칙을 넘어서』, 열린책들, 1997. 이러한 논점과 관련한 것에 퇴행 충동의 극단적 형태인 '자궁회귀본능'이 있다. 우울과

어서 개인을 인류라는 통합체로 나아가게 하는 생명의 과정이며 삶의 본능인 에로스가 죽음의 본능인 타나토스를 극복해 간다는 마르쿠제의 논의와 연계하여 해석한(이광호, 이승훈) 것이다.

"어둠과 죽음 / 붉은 흙으로 빚어진 항아리, 젖무덤 허리 엉덩이의 여자"(「암흑을 지탱하는」)와 같은 등식은 이미지의 변형을 통한 상상력의 구축이기도 하지만, 동시에 죽음과 삶의 본능으로서의 에로스적 양상이라는 시의 전형을 보여주는 것이기도 하다. 사실 죽음의 전장체험과 극복 양상으로서 삶의 생명성을 회복한다는 명제에 가로놓여진 에로스적 상상력과, 프로이트와 마르쿠제의 이론은 전봉건 시를 해석하는 데 안성맞춤인 것처럼 보인다.

그러나 이러한 일련의 논의들은 이론적 바탕의 논거가 앞서고, 그에 대한 예증으로서의 작품 해석이라는 귀납적 방법론을 지나치게 쫓아가는 격이 아닌가라는 점이 지적되어야 할 것이다. 특히 전봉건 자신이 밝히고 있는 시적 발언,-이른바 프로이트식 해석의 에로스를 잘 알고는 있으나 자신은 리비도와 관련한 섹슈얼리티 쪽의 에로스와는 다르며, 더욱이 마르쿠제라는 이름은 전봉건 자신이 처음 듣는 것이라는 -을 통해 볼 때, 그가 나름대로 보고 있는 에로스에 관한 관점이 있지 않은가라는 점부터 먼저 적시해야 마땅한 일일 것이다. 시의 에로스에 관한 전봉건의 태도는 다음과 같다.

> 간단히 말해서 그건(에로스) 생명의 리듬인 것입니다. 다른 사람의 경우는 몰라도 적어도 내게 있어서는 그렇습니다. …(중략)… 한용운의 경우도 그것은 생명의 리듬이요 황진이의

허무가 내재된 죽음의 욕구가 미의식과 관련한 건강한 쾌락(표상으로서의 꿈의 세계)과 결부될 때, 생산적인 본능의 카타르시스가 이루어질 수 있다는 것이다.

경우도 그것이 생명의 리듬인 것을 똑똑히 볼 수 있는 것이에요. …(중략)… 인간의 생명이란 성적인 것만도 아니고 플라톤류의 영혼적인 것만도 아닙니다. 그것은 성적인 것만큼 동시에 영혼적인 것이요 영혼적인 만큼 동시에 성적인 것입니다. … 그 실상을 액면 그대로 보자는 매우 현실적인 눈 …그럴 경우 실상을 실상대로 보는 그 눈은 오히려 도덕적이요 윤리적이라고 해야 하지 않을까요. …(중략)… 에로스란 나르시시즘의 소산이라고 봐요. 물론 나도 현실로부터의 에고이스틱한 도피, 자기 폐쇄적 퇴행, 그것을 나르시시즘이라고 알고 있고 그것이 심화됨에 따라서 새디즘과 마조히즘을 동반하게 된다는 것도 알고 있습니다. 그런데 나르시시즘이 그와 같은 프로세스를 거치면서 이르는 곳이 두가지가 있는데 그 하나는 광기의 세계요, 다른 하나는 상상의 세계입니다. 철저히 위축된 자아의 밑바닥, 자기 폐쇄의 가장 깊은 곳에 이른 나르시시즘은 그때, 그곳에서, 그렇게 된 까닭으로해서 오히려 커다랗게 솟으며 전개하는 상상을 가지게 됩니다. 그 상상의 내용이 무엇인가 하니 소위 '우주와의 일체화'를 꿈꾸는 꿈이에요. 그렇게 되어서 나르시시즘은 이른바 자기성애를 초월하는 무제한적 나르시시즘이 되는 것인데 에로스란 바로 이 무제한적 나르시시즘의 소산인 것입니다. 아니 우주와의 일체화를 꿈꾸는 꿈, 바로 그것이 에로스입니다.[7)]

전봉건은 이별의 상황과 아픔을 김소월의 「진달래꽃」과 비교하여,

7) 전봉건・이승훈 대담, 「시와 에로스」. 전봉건의 발언을 앞의 책, 9~19쪽에서 부분발췌 인용.

「진달래꽃」이 자기 폐쇄요 자기 억압이라면, 황진이의 시조와 같은 경우는 자기 발현이요, 자기 앙양으로서 그것이야말로 진정한 에로스의 근본 정신이라고 말한다.

"에로스는 한용운의 시와 황진이의 시조 <동짓달 기나긴 밤을 한 허리로 버혀내어 / 춘풍 이불 아래 서리서리 넣었다가 / 어론님 오신 날 밤이어든 구비구비 펴리라>와 같은 생명의 리듬이다."[8]

한용운의 님이나 황진이의 님이나 모두 부재의 님이라는 것은 이미 잘 알려진 일이다. 그들은 진실의 관점에서는 님의 부재라는 현실을 거부한다. 그러나 현실의 관점에서는 그것을 완전히 받아들인다. 님의 부재를 수용하는 까닭은 그 사실을 부정하기 위해서이다. 님은 오로지 부재와 부정으로서만 확인된다.[9]

말하자면 에로스는 부재와 폐쇄와 억압에 대한 저항이며, 열린 세계를 향해 스스로가 일으켜 세우는 존재의 몸짓이라는 것이다. 인간이 맞닥뜨린 절망적 상황에 대해 인종(忍從)의 자세로 있기보다는 오히려 고양된 생명의지 속에 자신을 여는 존재야말로 진정한 에로스 정신이라는 셈이다. 절망하면 할수록 더욱 더 생명성을 띠고 고양된 마음으로 부재의 텅빈 자리를 채우겠다는 의지적 삶에 바탕을 둔 것이다. 따라서 그에게 에로스는 부재와 죽음의 절망을 오히려 안고 뒹굶으로써 허무의 나락으로부터 텅빈 존재를 나의 의지로 채워 보이겠다는 생의 신념이 된다.

---

8) 전봉건·이승훈 대담, 「속·시와 에로스」, 『현대시학』, 1973.10. 55쪽.

9) 이에 대한 명쾌한 해명은 한용운에 대한 김우창의 다음 글을 참조. 김우창, 『궁핍한 시대의 시인』, 민음사, 2판, 1982. 126~147쪽.

한편, 위의 황진이의 시조의 경우도 마찬가지이다. 동짓달 기나긴 밤에 님이 부재하고 있다. 화자는 자신의 앞에 닥친 부재의 상황을 부정하고 긴 밤을 공간화하여 짧게 만든다. 그리고 이불 안에 묻어 둔 동짓달의 시간을 사랑하는 님이 오신 봄날에 이어 붙여 길게 만든다.

전봉건이 언급한 "인간의 생명이란 성적인 만큼 영혼적인 것이요, 영혼적인 만큼 성적이다."라는 말은 육체를 실상대로 보는 것이 인간의 실체에 가장 가까이 접근하는 길이라는 것이다. 그리고 이것은 그의 시 『춘향연가』에 있어 춘향을 바라보는 시각을 세우는 데 있어 기본적인 그의 태도가 된다.

그러나 보다 심화시켜 보면, 이는 에로스에 관한 플라톤의 이원론적 사고에 대해 아리스토텔레스가 제기한 일원론적 사고를 떠올리게 한다. 즉 플라톤의 에로스는 현실의 육체에서 승화된 영혼이 모든 인식의 근원(이데아의 세계)으로 돌아가는 것이다. 이른바 아폴론적 육체로부터의 이탈이다. 희랍에 있어서 토속적인 신화에 근원을 둔 에로스는 플라톤에 의해 아폴론적으로 취급되어 왔으나, 디오니소스적 요소도 포함되어 있어서 도취의 세계와 육체의 모든 상징이 연극을 통해서 집중된다. 따라서 희랍의 연극은 에로스를 추구하며, 모든 인간의 본능이 긍정되고 남녀의 육체적 결합이 긍정된다. 말하자면 플라톤의 이원론이 아리스토텔레스에 의해 일원론으로 되어 이상세계인 이데아는 육체를 넘어선 저쪽에 있는 것이 아니고, 육체 속에 내재하고 있는 것으로 상정되어지는 것이다.[10)]

전봉건의 위의 관점도 우주 에너지의 원천은 영혼이고, 에로스로서의 기능을 다하다가 분해되면 다시 영혼으로 회귀하는 미분화된 사고에 연유하고 있는 것으로 보인다. 또한 육체와 영혼을 특정한 범주 속에 넣어 구분 짓는 것이 아니라, 육체는 영혼을 통해 정화를 얻고, 영혼은 육체를 통해 에너지의 기능을 다하는 개념에 기초하고 있다. 따라서 그는 에로스를 다음과 같이 정리하고 있다.

---

10) 민희식, 「프랑스 시에 나타난 에로티즘」, 『현대시학』, 1974.10. 78쪽.

"에로스는 나르시시즘의 소산이며, 철저히 위축된 자기 폐쇄의 밑바닥에서 오히려 우주화의 일체화를 꿈꾸는 상상, 자기 성애를 초월하는 무제한의 나르시시즘을 펼치는데 그것이 에로스이다"11)

그에게 있어 에로스는 철저히 위축된 자아, 자기 폐쇄의 자아가 자기 성애를 초월하여 서로 보고 듣고 향기를 함께 하고 느끼는 교감의 밀도 속에 영혼과 합일하여 에너지를 얻고, 열린 세계를 지향하는 동시에 육화(incarnation)된 그 자체로 우주와의 일체화를 꿈꾸는 친화의 성취인 것이다. 이것은 무한한 생명의식이다.

전봉건의 생명의식은 만물 조응에 있어 교감의 밀도이며, 여기에 전봉건 에로스의 실체가 있다. 그 교감의 밀도는 앞선 4장 3절에 살펴본 바와 같이, 죽음에 직면한 체험의 경우 「꽃과 하강」이라는 작품에서, 총알이 나의 등을 때리고 죽어가고 있는 정점에서 나는 손을 뻗쳐 꽃의 슬립을, 팬티를 벗기고 꽃의 향과 빛과 함께 한다는 에로스적 상상력과 에너지의 밀도에서 자신이 살아 있음을, 생생히 살고 있음을 확인하는 처절한 생명적 몸부림이 된다. 전쟁의 극한 상황 속에 인간의 살아 있음이 만물이 살아있음과 같다는 인식으로 서로가 서로에게 의미를 주고 교감하고 있으며 그 교감의 밀도를 에로스적 상상력으로 확인하는 것이다.

전봉건 시의 주류를 이룬다고 할 수 있는 것은 사물들이 꿈꾸는 살아 있음의 에로스적 욕망의 꿈틀거림, 그것에 대한 형상화이다.

---

11) 이는 전봉건의 에로스적 관점과 프로이트가 말하는 이른바 만족을 향한 리비도적 충동을 표현하는 장치로서 환상 개념과 뚜렷하게 다르다는 것을 반증한다. 이에 대해서는 로즈메리 잭슨, 서강여성문학연구회 역, 『환상성-전복의 미학』, 문학동네, 2001. 85~97쪽 참조.

가장 질푸른 물방울과
가장 눈부신 햇가루가
우글거리는 젖가슴 가진
그 사람은 여자였습니다.
한시도 가만 있질 않았습니다.
튀고 뒤차기고 일렁이고 떨고 할딱이고
마치 물개와도 같이 그렇게 다시
튀고 뒤차기고 일렁이고 떨고 할딱이고
튀고 …

-「바다의 편지」 부분

튀고 뒤차기고 일렁이고 떨고 할딱이는 여자, 그 여자의 젖가슴에 가장 질푸른 물방울과 가장 눈부신 햇가루가 뒤섞여 들끓고 있다. 그 여자와 같은 바다는 에로스적 욕망이 들끓는 생명성 그 자체이다. 살아 있다는 것이 이렇게도 찬란하고 빛나는 아름다움일 수 있다면, 인간의 삶이란 찰라마다 빛나는 황홀한 체험 그 자체가 아니겠는가. 더욱이 가장 푸르고 눈부신 생명이 에로스적 절정에서 그 밀도를 더하여 만나는 역동적 감각은 환희의 극치를 이루고 있다.

물론 위의 시가 바다의 역동성과 조우한 인간의 마음을 형상화한 것이라고 할 수도 있다. 즉, 역동성의 이미지가 생명의 이미지로 인간에게 촉발된 것이라는 논리이다. 그러나 다음의 시는 식물인 '해바라기'를 대상으로 하고 있음에도 불구하고 튀어 오르는 역동성으로 생생한 삶을 체현하고 있다.

커다란

눈이다
커다란
유방이다
커다란 태반이다

저 우굴거리는
저 번질거리는
무수한 씨를 보라 !

하늘이 떨군 金의 정액에서 태어난 여자

―「해바라기」

해바라기는 커다란 유방이며, 무수한 씨앗을 배태한 씨앗의 씨앗이다. 하늘이 떨군 햇살의 정액을 받아 우굴거리고 번질거리며 꿈틀대는 생명 그 자체이기도 하고, 생명을 배태할 무수한 생명의 원천이기도 하다. 그것은 여자이고 그 여자가 햇빛의 정액을 받는다는 점에서 에로스적 생명력은 금빛 환희로 더욱 빛난다. 이 여자는 제 멋에 겨워 "왼통 / 꽃춤 / 바람춤 / 햇덩이 춤 / 바다춤 / 살 터지는 과일 춤 / 진한 단물 뿜는 땅덩이춤 / 뜨거운 살갗의 춤 / 시뻘건 불의 눈의 춤으로 / 덮힐 것이 아닌가 // 여자여(「북. 6 : 30행-40행」)"가 된다. 이른바 전봉건의 말대로 혼자 멋에 겨워 뒤범벅이 되는 것이다.

여기서 말하는 '혼자 멋에 겨운' 것은 무엇일까. 그것은 끔찍한 욕망과 황홀한 고독 사이의 몽상에서 "상상력의 비상으로 이루어지는 만물 조응의 상태를 교감하는 것이며, 그에 따라 <색채가 말하고> <동물과 식물도 … 발음하며> <향기는 사유와 이에 상응하는 추억을 도발하는

일체의 상징 속에"[12] 자리잡게 되는 것이다.

이러한 역동적 생명력과의 에로스적 교감이 궁극적으로 창조한 세계는 만족의 질서이다. 보들레르가 말한 "거기선, 모두가 질서와 아름다움, / 호사(豪奢), 고요, 그리고 일락(逸樂)(「여행에의 초대」)."의 세계이며, 동시에 전봉건이 경도해 마지 않던 보들레르 시의 세계이기도 하다.

> 여울물이 옷을 벗긴다.
> 여울물이 살을 벗긴다
> 여울물이 피를 삭인다
> 여울물이 뼈를 녹인다
> 내가 물소리와 섞이고 물과 섞인다.
>
> 忠淸北道堤川郡寒水面寒水里
> 구비도는 南漢江의 여울물이
> 물보래를 날린다
> 선덕여왕 허벅지에
> 한방울 물보래를
> 더 날린다.
>
> -「여울물」

위의 시는 충일한 역동성 속에 소리 높여 삶의 환희를 외치는 앞의 경우와는 또 다른 교감의 세계를 보여준다. 여울물은 죽은 자의 옷을

12) 김붕구, 『보들레에르』, 문학과지성사, 12판, 1988. 408~409쪽.

벗기고, 살을 벗기고, 피와 뼈를 삭이고 녹여, 살아 있는 나 역시 그 물에 섞인다. 여울물에는 죽은 자와 산 자가 벗기고 섞이는 교감의 밀도 속에 하나가 된다. 타나토스와 에로스가 하나가 되는 것인데, 그것이 황홀한 까닭은 선덕여왕의 허벅지에 가볍게 가 닿는 아름다움 때문이다.

에로스의 힘은 파괴가 아니라 평화이며, 공포가 아니라 아름다움이다. 죽음의 종결, 고요함은 잠드는 것이며, 잠드는 것은 충만한 에로스적 상상력에 깃드는 것이다. 이때 죽음은 삶의 대척으로서 존재하는 것이 아니라 삶의 원천으로서 본래 하나였던 자리로 되돌아가는 것이다. 일반적으로 삶과 죽음의 모든 구분은 운동과 정지라는 이원성에 기초한다. 외연적으로 죽음은 모든 것의 정지이지만, 에너지의 원천으로서 세계에 깃들어, 활동이 내재한 세계에 참여하는 것이다. 에로스적 상상력은 그러한 참여의 세계를 환기하는 것이다. 시인은 그 가능성을 깨우는 사람으로서 존재한다는 것에 전봉건의 에로스 시학이 있다.

한편으로, "실상을 실상대로 접근하는 길이 에로스로 향하는 길"이라는 접점에 그의 작품 『춘향연가』가 있다.

신동욱은 이 작품을, "1950년대와 60년대의 역사적 갇힘의 상황에 대한 대응적 반작용으로서 춘향 시대와 작자의 시대를 관류하는 문화적 동질성과 그 비리적 사태를 문제 삼을 수 있는 화자를 택하고 그의 입을 빌려 작자 당시대를 증언적으로 해명하는 구실을 담당하게 한"[13)]

---

13) 신동욱, 「전봉건론」, 『현대문학』, 1986.9. 254~255쪽. 이러한 관점의 논의는 "60년대 민선 정부의 무능력과 부패, 그리고 군사 정권의 부패에 항거하는 형식"으로서의 『춘향연가』로 확대 해석 되기도 한다. 말하자면 "60년대 상황에 대한 알레고리로서 춘향의 옥중 사건과 감회를 통해 60년대 시대적 현실의 제도적 폭압과 불모성을 풍자하기 위한 전략적 장치 "라는 것이다. 김경복, 「한국 현대시의 설화 수용 의미」, 현대시학회 편, 『한국 서술시의 시학』, 태학사, 1998. 372~374쪽.

작품이라고 해석하고 있다. 즉 이 작품의 화자인 춘향이 작품이 끝날 때까지 옥중에 갇힌 상태로 남아 있다는 상태, 말하자면 고독과 억눌림, 어둠과 절망의 의미가 계속된다는 함의가 있는 것으로 보고 있다.

그러나 처음부터 끝까지 옥중에 갇혀 있으면서도, 또한 고통과 억압에 짓눌린 상태에 있으면서도 오히려 고통의 절정에 이몽룡과 사랑의 절정에 들던 때를 회상하며 더욱 황홀해 하는 의미를 어떻게 해석해야 하는가라는 문제가 여전히 남게 된다. 역설적으로 말하면 억눌림은 더욱 간절히 이몽룡을 그리워하는 통로가 되며, 오히려 내면적인 사랑이 이루어지는 환희의 절정이 되고 있는 것이다.

오세영은 춘향의 본질적 성향에 대한 여러 논의를 개관하면서, 결국 춘향은 당시 부조리한 사회 체제를 부정하고 그것에 투쟁하기는커녕 오히려 긍정하고 자신도 그 체제의 일원이 되어 부귀영화를 꿈꾸던 인물에 지나지 않는다고 폄하하면서, 전봉건의 『춘향연가』가 본질적으로 춘향을 열녀와 정절의 상징으로 설정하고 쓴 것은 잘못된 일이며, 더군다나 16세의 어린 소녀 춘향이 성행위에서 보여주는 교태 등은 이미 청순하고 아름다운 사랑의 여인을 넘어선 것이어서, 작가가 가지는 이른바 감정의 오류를 범하고 있다[14]고 주장하고 있다.

물론 각자의 관점에 따라 춘향에 관한 해석이 유동적일 수 있겠다. 『춘향연가』를 쓴 전봉건은 다음과 같이 말하고 있다.

> 열녀임과 동시에 에로스의 연인으로서도 부각이 될 때 춘향의 이미지는 완전한 것이 됩니다. 또 그렇게 됨으로써 영원적인 것이기는 하나 지극히 관념적인 열녀만이 강조되어 이제는

14) 오세영, 「고전의 시적 변용」, 『현대문학』, 1975.12. 286~287쪽.

> 거의 무기물질화되다시피 해 가는 그녀의 이미지가 비로소 뜨거운 피와 살과 생명을 되찾아, 무슨 기념물이 아니라, 생생하게 살아서 숨쉬는 이미지로서 우리 가운데 영원히 존재하는 것 아닌가 이렇게 생각하는 것이에요. …(중략)… 첫날밤 장면에 이런 것이 있지요. 두 사람이 다 알몸이 되어서 업고 업히어서 노래로 사랑의 이야기를 주고 받아요. 나는 이 장면을 두고 분명히 말할 수 있는데요, 이같은 구상력은 세익스피어에도 없는 것입니다. 물론 세익스피어에도 에로스가 있지요. 그러나 춘향전의 그 장면에서처럼 에로스가 선열하게 약동적으로 또한 눈물겨웁도록 천진난만하게 그려진 것을 보지 못했어요.[15)]

이상을 통해 볼 때, 전봉건의 창작 의도는 열녀로서 화석화되어 가는 춘향에게 생명력을 불어넣어야 하겠다는 것이었으며, 그러한 생명력이 순연한 에로스의 세계에서 찾아질 수 있다고 보고 있음을 알 수 있다.

전봉건의 태도는 '춘향을 춘향으로 보아야 한다. 그를 정절의 우상으로 화석화시켜서는 안되며, 순연한 인간 그 자체로서 보아야 한다.'는 점에 있다. 춘향이 인간으로 있을 때, 춘향의 사랑은 모든 이의 사랑으로 승화될 수 있는 것이다. 한편, 불건전한 섹스욕으로 해석한 근거로 제시한 춘향의 나이 16세라는 것은 당대 관습의 문제일 뿐이다.

특히 논점이 대립하는 첫날 밤 장면이다.

> <u>오오, 오오, 오오, 오오.</u>
> 알몸인 내가

---

15) 전봉건 · 이승훈 대담, 「시와 에로스」, 앞의 책, 13, 18쪽.

알몸인 당신을
업고 있었네.
당신을 업고
나는 말이었네.
무지개빛 암말이었네.

-720행~726행

바다는 내 열 개의 손가락 사이에서도 부글거리고 있었네,
내 열 개의 손가락이
바다를 만지면, 무지갯빛으로 부글거리는 당신이 잡히었네.
내 열 개의 손가락이
당신을 잡으면 부글거리는 바다가 만지어졌네.

-742행~744행

내 가슴에서 저고리를
내 허리에서 치마를
내 다리에서 바지를
내 속 깊은 살에서 속곳을.
당신은 비둘기처럼 들먹이는
내 젖을 잡고, 번갯불이었어요.

-884행~889행

여자의 속깊은 중심에서 흐르는 것.
그때에도 나는 젖어 있었어요.
그때에도 알몸의 내가 당신에게

알몸인 당신은 나에게 있었어요.

-956행~959행

『춘향연가』 시행의 순서대로 간추린 위의 인용들은 알몸으로 뒹구는 장면, 성행위의 절정과, 옷을 벗기고 전희에 들어가는 장면, 성행위를 마치고 알몸으로 마주 누워 있는 장면이 환상 속에 무차별적으로 끼어들어 묘사되고 있다. 만약 이를 육욕에 들뜬 춘향의 섹슈얼리티라고 한다면 이는 인간의 성을 과단순화하는 논리에 불과하다. "인간의 의식 속에 육체가 존재하고, 육체를 통해서 의식이 눈뜨고, 관능이 자극되고, 영상이 떠오르는 가운데, 인간은 끊임없이 환상을 추구하며, 그 때문에 환멸을 맛보고, 환멸 속에서 불안과 황홀을 맛본다. 이와 같은 양의적 존재, 즉 생과 사, 사랑의 빛과 그늘, 존재와 무, 사랑과 증오 사이에 던져져 있는 실체"[16]가 인간이 아니겠는가.

전봉건이 '옥중현실'을 줄기차게 유지했던 이유도 여기에 있다. 생과 사, 사랑의 빛과 그늘은 에로스의 중심이며 실체이다. '옥중'이라는 유폐된 삶의 그늘 속에 그리는 삶으로서 에로스적 욕망은 인간의 본연이다. 억압의 죽음을 앞에 두고 그리는 생명의 리듬으로서 에로스란 얼마나 눈물겨운 것인가.[17] 따라서 전봉건의 에로스가 폭압과 절멸의 극한 상황에서 무한한 생명의식의 고양으로 승화되는 부분을 눈여겨보아야 한다.

전봉건의 에로스는 광기가 아니다. 병든 에로스가 아니라 신선하고

16) 민희식, 「프랑스 시에 나타난 에로티즘」, 앞의 책, 80쪽.

17) 이는 시인 김지하가 무기징역을 선고받고 감옥에 갇혀 벽면증에 시달릴 때, 감옥 벽돌 틈서리에 민들레 씨앗이 움을 틔우는 것을 보고, 스스로에게 "아직 살아 있어서 고맙다."라는 생명성의 존귀함을 체득한 것과 같은 맥락으로 이해할 수 있다.

강력한 생명의 자연 리듬이다. 그 리듬은 애써 지어 낸 것이 아니라 본디부터 내재하고 있는 생명의 충동이다. 따라서 에로스의 원형을 밝혀 본디의 자리로 되돌리는 뜻깊은 작업으로서 『춘향연가』의 시사적 의의가 빛난다고 하겠다.

5.2. 죽음에 극한 에로스적 상상력

5.2.1. 죽음의 하강과 에로스적 상승

장시 『춘향연가』는 전봉건이 1967년 시집으로 출간한 작품이다. 이 시에 대해 김종길은 "근년(1960년대 후반)에 발표된 장시 작품 중 가장 성공한 작품."[18]이라고 극찬하였다. 또한 김홍규도 전봉건의 작업이 "스타일 면에 있어서 대담한 변형과 재구성의 노력으로 내면적 통일성 속에 춘향의 사랑을 肉化"[19]하여 전통의 창조적 재구로서 그 가치를 높이 평가하였다. 전봉건의 장시를 다각적으로 접근하여 일별한 오세영도 "전봉건의 장시가 그 작품상의 성과뿐 아니라, 長詩史에 있어서도 기여한 바 크다"[20]라고 시사적 의의를 부여하고 있다.

전반적으로 높이 평가된 이러한 논의들은 첫째, 고전적인 서사성을 완전히 해체시키고 독자적인 양식의 재구성을 시도한 점(김흥규), 둘째, 종래의 서사적인 방식으로 쓰여졌다면 파인의 「국경의 밤」이나 신동엽의 「금강」과 같은 설화시가 되고 말았을 것인데, 이 작품은 심리적이며 극적인 장면의 조직으로 훌륭하게 내면적 통일성을 이룩하고 있다

18) 김종길, 「한국에 있어서의 장시의 가능성」, 『문화비평』, 1969년 여름호. 241쪽.
19) 김흥규, 「춘향, 千의 얼굴」, 『현대시학』, 1971.4. 89쪽.
20) 오세영, 「장시의 다양성과 가능성」, 『현대시학』, 1988.8. 62쪽.

는 점(김종길), 셋째, 비록 서술시라고 하더라도 주인공의 현실적 행위가 전혀 일어나지 않으며 모든 사건은 옥중 춘향의 독백 내지 환상에 의해 극화되고 있다는 점(오세영)에 논점을 모으고 있다. 특히『춘향연가』가 서술 형식을 바탕으로 한 서사적 계기성에서 벗어나 있으며, 따라서 춘향의 독백과 환상과 꿈의 형식을 통해 재구성하는 과정을 통해, 이야기가 전경화된 서술시에서 흔히 볼 수 있는 이미지 약화를 극복하고 있다는 점을 주목하고 있다.

『춘향연가』는 현재에서 과거로, 과거에서 현재로 넘나드는 가운데 현실과 환상이 입체화되고 있다. 춘향의 탄생과 성장(과거), 이몽룡과의 만남(과거)과 별리의 인식(현재), 춘향의 하옥(현재), 이몽룡의 떠남 회상(과거), 태장의 현실 속에 이몽룡과 나누던 성애(현재 속의 과거: 몽타쥬), 잉태에의 꿈(현재 속의 미래)이 옥중 공간을 중심으로 들락거리고 있는 것이다. 이러한 들락거림을 가능하게 하는 것은 춘향의 독백인데, 만약 이 작품이 독백 일변도로 취해졌다고 하면 단편성을 면하기 어려웠을 것이다.

구속과 삶의 질곡 속에 내던져진 춘향에 관한 직접적인 제시가 넘나드는 가운데 펼쳐지는 춘향의 이른바 빈 가슴 채우기로서 환상이 엮어내는 입체성은, 고정된 시점이 아닌 유동적 시점으로 일종의 드라마와 같은 극적 긴장력을 불러일으킨다.

> 저만치 있는 것은
> 목 매달아 죽은 鬼神.
> 이 곳은 廣寒樓가 아니라고요.
> 지금은 궂은 비 퍼 붓는
> 깊은 밤의 三更이라고요.

저것은 亂杖 맞아 죽은 鬼神, 저것은 刑杖 맞아 죽은 鬼神이
라고요.
< 이년 !
잡아 내리라 !
형틀을 올려 매어
物故를 내어라 !
매우 쳐라 ! 매우 쳐라 ! >
팔다리가 갈라지나요.
어머니, 팔다리가 갈라지나요.
어머니, 그러나 나는 죽지 않아요.

-82행~95행

현실과 환상이 교차하는 가운데 독백 진술 체계(82~87행), 현실의 보이기 제시 양식(88~92행), 자신이 처한 현실에 대한 인식과 말 건넴과 스스로의 독백적 다짐이 순식간에 교차하는 제시 양식(93~95행) 등에서 볼 수 있는 것과 같이, 이 작품은 극적인 장면 제시는 물론 인물이 처한 심리 상태의 추이까지 수렴하는 시적 장력 속에 내면적 통일성을 획득하고 있다. 이 작품의 두드러진 현상은 인물이 처한 현실의 제시와 그에 따른 인식보다 춘향의 꿈과 환상이 이 작품의 근간을 이룬다는 점인데, 춘향을 둘러싼 현실의 고통이 크면 클수록 환상적 독백이 상대적으로 길어지고 있다. 총 1,053행으로 이루어진 『춘향연가』의 기본 구조는 다음과 같다.

1행~41행 : 자신의 출생과 사랑에의 눈뜸으로서 성장. 옥중의 현실 인식 : 독백

41행~121행 : 그와의 만남에 관한 回感과 태장의 현실. 귀신과 접하는 옥중의 환상 : 독백과 어머니에게 말 건넴.

122행~190행 : 그와의 헤어짐 : 독백과 어머니에게 말 건넴.

191행~246행 : 그이가 말했던 것을 회상하는 한편, 옥중의 현실 인식 : 독백.

247행~393행 : 태장 속에 불안한 꿈과 환상의 세계 : 독백

394행~468행 : 옥중의 현실 인식과 그를 향한 사랑의 다짐과 별리의 슬픔 : 독백.

469행~692행 : 그의 다함없는 사랑 고백 : 그가 나에게 말 건네는 것으로 환청.

693행~1053행 : 극한적인 태장의 제시와 그와 나누었던 성애의 극치, 변학도의 폭압 제시와 그와의 환상적 사랑의 교차. : 내가 그에게 말 건네는 형식.

전체 1053행 중에서 반이 넘는 469행부터 끝행까지는 옥중의 현실이 가혹하면 할수록 급박할 정도로 치고 달리는 춘향의 꿈과 환상이 잇따른다. 심지어 이몽룡의 탈을 쓰고 환청으로까지 행해지는 극적 말 건넴까지 이루어 내고 있다.

여기서 급박한 진행은 『춘향연가』에서 지나치게 춘향의 현실과 고통의 과정을 서술하려다가 자칫 극적 템포를 놓치는 것을 우려한 까닭에서 비롯된다. 심지어 다음과 같은 제시 양식은 전봉건이 이 작품의 극적 긴장이 느슨하게 처지는 것을 경계하고 있음을 단적으로 보여준다.

< 비녀
비녀 …… >

< 우지 마라 우지 마라 >
< 잡아내리라 ! >
< 큰 칼 씌워 下獄하라 !
큰 칼 씌워 下獄하라 !
큰 칼 씌워 …… >
< 사랑 사랑
내 사랑아 >
여보세요, 여보세요,
여보세요.
천리라고요.

〈 286행~297행 〉

"한 쪽의 줄이 끊어진 그넷줄 / 거기 매달려 기울어진 나의 알몸을. / 그 알몸이 흔들리는 전부를 / 玉비녀가 떨어져 내린 곳으로" (784행~787행)에 있던 비녀와 이별에 앞선 이몽룡의 달램, 그리고 연이어 내닫는 하옥의 명령, 이몽룡과 정애를 나누던 순간의 회상, 다시 하옥된 현재 화자의 독백이 순식간에 교차되는 표현들에서 서사 양식에서 보여지고 있는 지나친 배경의 서술로 인한 지체 현상은 찾아볼 수 없다.

또한 간혹 몰개성적 보이기 형태로 춘향이 처한 현실을 제시하기도 하는데, 때로는 이것이 오히려 반복하는 독백의 소리 체계가 지루함을 더해갈 때, 변주를 통한 시적 효과로까지 작용한다.

큰 칼 쓰고 흘리고 있어요.
지금 흘러서 내 속살은 젖어 있어요.

지금 흘러서 내 발가락은 젖어 있어요
< 앉으라고 일러라 … >

—1031행~1034행

952행에서부터 나오는 '젖어 있어요'가 끝 행인 1,053행에 걸쳐 전개되는 중간에 끼어드는 "앉으라고 일러라"와 같이 환청 형식을 빌려 변학도의 음성이 제시되는 등의 시적 변조를 이루고 있음은 마치 환상과 현실을 넘나드는 이른바 비몽사몽간이라는 정서적 환기도 동시에 이루어내고 있는 것이다.

구속과 강박, 그리고 죽음으로 옥죄어 오는 현실을 꿈과 환상, 환청을 통해 원심적 공간의 상상력과 몽상으로 확대하면서 숱한 사물들이 상징과 은유, 암시의 결을 타고 우주화되는 과정 속에 『춘향연가』가 자리잡고 있다.

이러한 모든 것을 가능하게 하는 것은 춘향의 현실적 공간을 죽음에 극한 '옥중'이라는 폐쇄 공간에 가두어 버린 데 있다. 작품 전체의 구조로 볼 때, 춘향은 '옥'에서 한 발짝도 떠나지 않고 있으며, 폐쇄 공간에서 벗어날 수 있는 유일한 길은 춘향의 자의식의 공간을 통해서일 뿐이다. 그 자의식의 공간에서 춘향은 지나온 현실을 회상하여 조감하는데, 이 때 조감된 현실은 현실 그 자체이기보다 춘향의 환상 속에 재구된 현실이라는 점에서 더욱 자유롭다. 현실 속에서 환상을 보는 것이 아니라, 환상 속에서 현실을 보는 점이 『춘향연가』의 미학이 되는 셈이다.

따라서 소재의 원천으로서의 『完板本 春香傳』에서 춘향의 내면 세계를 이룸에 있어 가장 중요한 '자신의 탄생과 성장-이몽룡과의 만남-사랑-이별-시련(변학도 출현과 태장 맞음)-옥에 갇힘'이라는 모티브만이 '옥중 현실' 속에 무차별적으로 넘나들면서 환상처럼 이야기되는데, 역시 그 중심은 늘 '옥'이다. 이야기의 계기성을 통한 플롯은 전봉건에게 중요하지 않다. 그에게 있어 중요한 것은 옥중 현실에 처해있는 춘향이 불러일으키는 내면적 자장이다. '옥'은 『춘향연가』에 있어 '옥' 바깥에서 이루어지는 전기적 평면성을 해체하는 한편, 춘향의 행위 영역이 '옥중'이라는 스스로의 한계를 띠고 있는 까닭에, 모든 이야기가 춘향의 독백 내지는 환상과 꿈에서 흘러나올 수밖에 없음을 자연스럽게 설정하는 문학적 장치가 된다. 따라서 모든 이야기는 춘향이 그리워하고 생각하는 범주 내에서 이루어지며, 시간의 흐름보다는 '옥중'에서 바깥을 생각하고, 바깥에서 '옥중'으로 다시 돌아오는 순환적인 공간 패턴 속에 전개된다.

1)

女子에요.
그래요, 나는 女子에요.
그런데 나는 獄에 있어요.
女子는 아이를 낳아요.
나도 낳을 수 있어요.
어머니가 나를 낳은 것처럼.

-1행~6행

2)

그런데 나는 獄에 있어요.
어릴 때에는 새가 나는 것을,
제비가 나는 것을, 나비가 나는 것을,
한 마리, 또 한 마리, 그렇게 세었지요.
지금은 안 그래요. 한 마리 한 마리가

쌍을 지어 나는 것을 알아요.
그런데 나는 獄에 있어요.

-25행~31행

3)

보세요, 仙風 어린 그 얼굴
보세요. 무어라고요. 안 보인다고요.
저만치 서서 있는 아무도 없다고요.
나는 앉아 있는데,
그래요, 나는 이 곳에 앉아 있어요.
무어라고요, 무어라고요.
아무도 아무것도, 보이지 않는다고요.
나는 앉아 있는데,
그래요, 나는 이 곳에 앉아 있는데.
나는 칼을 쓰고 앉아 있다고요.

-71행~80행

4)

< 큰 칼 씌워 下獄하라 !
  큰 칼 씌워 下獄하라 ! >
보세요, 저것은 부서진 竹窓.
보세요, 이것은 무너진 壁.
보세요, 이것은 헐고 낡은 자리.
나는 이 곳에 앉아 있어요.

-105행~110행

5)

채찍은 내리쳐
모진 바람이 일어
말 탄 당신은 갔네.
한 점의 구름이었네.
채찍은 내리쳐,
온 산에
새 나르는
그림자
그치고.

-182행~190행

6)

한 아름 내리치는 笞杖 棍杖,
부러진 형장은 치마폭 물고 솟구쳐,
자꾸 치마를 잃어버리는 나.
치마를 잃어버리는 내
허벅지에 흐르는 피.
나는 어디에 있을까.
자꾸 치마를 잃어버리는 내 두다리.
치마를 잃어버리는 벌거숭이 허벅지.
오오, 오오, 오오, 오오.
알몸인 내가
알몸인 당신을
업고 있었네.

당신을 업고,
나는 말이었네,
무지갯빛 암말이었네.
당신은 나를 몰아,
안개를 헤치며 이긴 싸움 북,
울리는 수레이게 하였네.
당신은 나를 몰아 구름이게 하였네.
당신은 나를 몰아, 속이 빨간,
나래 편 따오기.
당신은 나를 몰아
부푼 젖 간지러운
고래이게도 하였네.

-712행~735행

7)
나는 지금 피에 젖어 뒤틀리는 속살.
나는 지금 피에 젖어 뒤틀리는 무릎.
그래요, 나는 여자인 것을.
그래요, 나는 젖어 있어요.
젖어 있어요.

-1,049행~1,053행(끝)

이상은 『춘향연가』에 담겨 있는 전체 구조 속에서 핵심적인 분절을 간추린 것이다. 1)은 『춘향연가』의 서두이다. 자신이 여자이며, 그래서 아이를 낳을 수 있지만 옥중에 있다는 척박한 현실 인식이 교차되는 가운데 자연스럽게 '춘향' 자신의 출생을 이야기하고 있다. 자신의 출생과 관련한 잉태의 모티브는 도입 부분으로 들어가기 위한 장치로서도 그 의미가 있다. 이에 못지않게 중요한 것은 『춘향연가』의 끝인 7)에서 보는 바와 같이 억압적 현실 속에 뒤틀린 피에 젖은 속살과 무릎, 그 사이에 젖어 있는 월경(月經)의 피 역시 새로운 잉태를 향한 가능성으로 열려져 있다는 점에서 처음과 끝은 짝을 이루되 (동일) 생성적 의미를 지향하고 있다는 사실이다. 2)는 유폐된 현실과 새와 같은 자유로움 속에 사랑을 꿈꾸던 '춘향'의 성장을 대비한 것이기는 하지만 결국 옥중 현실을 재인식하는 것으로 되돌아온다. 3)은 이몽룡과의 만남이다. 그가 입은 옷가지와 풍모를 열거하는 가운데 선풍처럼 어리는 그의 영상이 저만치의 거리에서 아른거리고 있다. 이때 저만치의 거리는 진정한 만남을 실현하지 못한 별리의 거리이다. 그 거리가 지금의 춘향이 "칼을 쓰고 들어앉은" 까닭이 된다. 4)는 춘향의 하옥과 현재의 옥중 현실공간이 교차하는 부분이다. 5)는 회상으로 이몽룡의 떠남을 형상화하고 있다.

6)은 태장의 장면과 동시에 춘향과 이몽룡이 벌이는 극치의 성애를 몽타주와 같이 혼효시키고 있다. 『춘향연가』 중에 가장 뛰어난 표현으로 꼽을 수 있는 이 부분은 시련과 죽음의 절정에서 초극하여 건너다본 환희와 생명의 이중주라는 점에서 절창에 가깝다고 하겠다. 태장 속에 치마를 잃어버려 벌거숭이가 되는 허벅지, 들먹이는 목줄기와 가슴과 허리와 어깨라는 알몸의 끝에 있는 육체적 고통을, 춘향은 당신 이몽룡을 향해 헤엄쳐 나가는 희열의 목줄기와 가슴과 허리와 어깨라는 또 하나의 알몸으로 승화하는 것이다. 이른바 죽음의 절정에서 맞이하는 에로스적 상승이다.

또 한 가지 간과해서는 안될 것이 있다. 『춘향연가』에서 부재하는 님은 환상 속에서 오히려 더 뚜렷이 존재화되며, 성욕에 그치는 성이 아니라, 잉태를 향한 꿈으로 이어져 있다는 점이다. 앞서 동일 생성적 의미에서 언급한 바와 같이, 잉태의 꿈을 그리는 1)의 첫행에서, 월경으로 젖어 있어 잉태를 꿈꾸는 7)의 끝으로 마무리짓는 이 작품이 궁극적으로 지향하고 있는 바는 무엇인가. 죽음의 고통 속에서 더욱 그리운 잉태의 꿈은 죽음을 초극한 삶의 희원이라고 하겠다. "현실적으로 죽음과 삶은 단절되지만 환상의 공간에서 죽음과 사랑은 서로 충돌없는 만남을 이루고 현실과 환상의 영역 사이에 제 삼의 공간을 구축한다."[21] 섹슈얼리티와 관련한 블랭크의 성, 즉 공허한 성이 아니라 생명을 잉태하고 탄생케 하는 우주와의 일체화를 꿈꾸는 강력한 꿈으로서의 성은[22] 전봉건 시의 에로스의 성격을 극명하게 드러낸다고 하겠다.

5.2.2.『춘향연가』의 갈래 규정

『춘향연가』에 대한 앞선 연구자들의 갈래 규정은 다음과 같다. 김종길은 종래의 서사적 방식으로 쓰여졌더라면『춘향연가』는 巴人의「國境의 밤」이나 최근의 신동엽의「錦江」과 같은 설화시가 되었을 텐데, 그러한 방식을 피해 심리적이고도 극적인 장면의 조직으로 '극적 독백의 장시'가 되었다고 하였다. 오세영은『춘향연가』를 '서술적 형식으로서의 장시'로 규정하면서도 주인공의 현실적 행위가 전혀 일어나지 않으며, 모든 사건은 춘향의 독백 내지 환상에 의해 간접적으로 진술되거나 묘사되는 특이한 현상에 있는 바, 이는 옥중 춘향의 장면을 극화하는 데서 비롯되고 있음을 주목하고 있다. 말하자면 서사 양식들의

21) 최기숙,『환상』, 연세대학교출판부, 2003. 110쪽.
22) 전봉건・이승훈 대담,「시와 에로스」, 앞의 책, 20쪽.

가장 큰 특성이라고 할 수 있는 동작의 장면 제시적 서술이라기보다 재현된 사건의 영역 안에서 (옥중 현실) 준 서정적 독백의 경향을 띠는 것과 병행하여 극 속의 주제적 진술의 형태를 띠고 있다[23]고 보는 셈이다. 김흥규는 『춘향연가』의 춘향이 작자가 풀어 가는 서사적 문맥에 예속되어 말하지 않고 춘향 자신의 의식과 환상 속에 그 모든 서사적 디테일을 용해시킨 육성으로 극적 장면의 언어를 말하고 있는 점을 들어 '극시'(Dramatic verse)로 보고 있다.[24] 요컨대 김종길은 '극적 독백의 장시', 오세영은 '서술적 형식의 장시이기는 하나, 장면의 극화가 다수 개입된 장시', 김흥규는 '극시'라는 견해이다.

구조적 입장과 달리 서사정신이라는 점을 강조한 민병욱의 논의가 있다. 민병욱은 장시를 '어떤 복잡한 관념의 이야기를 포함한 일련의 긴 시'로 정의한다면, 장시는 서정시의 서사화 즉 서사적 서정시에 지나지 않으며, 대부분의 시인들이 생산하고 있는 장시 작품들은 서사적 서정시와 서정적 서사시의 범주에 들게 되는데, 이 때 중요한 점은 갈래를 넘어서 인간 행위와 그 전망의 재현과 표현이라는 서사정신이 바탕이 되고 있느냐를 문제로 삼는다. 따라서 인간적 성취, 인간의 존엄성과 경건성의 가치에 대한 믿음이라는 서사정신을 전형성으로 하고 있는 『춘향연가』를 서정적 서사시로 규정짓는다.[25]

---

23) P. Hernadi, *Beyond genre*, 김준오 역, 『장르론』, 문장, 1983. 199쪽.

24) 각각의 견해에 대한 출전은 앞서 제시한 각주 128), 129), 130)의 논문임.

25) 그는 『춘향연가』의 전개과정에서 명징하고 확실한 서사적 구성이 드러나고 있지 않음도 아울러 밝히고는 있다. 그러나 세계 초월 양식으로서의 사랑의 관념성과 추상성에서 삶의 무한한 양식으로서의 에로스적 사랑의 현실성과 구체성으로의 변화를 모색한 『춘향연가』의 주제의식에 비추어 서사정신의 실현으로서의 시사적 의의를 추켜세우는 쪽에서 위와 같은 결론에 도달하고 있다. 민병욱, 「전봉건의 서사정신과 서사 갈래 체계」(下), 『현대시학』, 1985.4. 147~148쪽; 민병욱 『한국 서사시와 서사 시인 연구』, 태학사, 1998. 34~35쪽, 365~366쪽 참조.

사실 『춘향연가』의 갈래 규정은 까다로운 문제이다. 제반 서사시 논의에 대해 살펴 본 염무웅의 표현대로 대범하게 '서사시'로 부르거나[26] 파울러의 견해를 간추린 김준오의 지적대로 "매우 아이러니컬하지만 부정확한 용어가 보다 효과적이고, 그래서 비평가에게 개방적이고 다원적인 비평 태도가 요구되는 것"[27]으로 보는 것도 당연한 것으로 여겨진다. 그러나 놓치지는 말아야 할 것이 있다. 1960년대 초기부터 1970년 이전까지 전봉건이 손대었던 '시극'이라는 것인데,[28] 그가 말하는 '시극'과 상응한 자리에 『춘향연가』가 자리잡고 있었다는 사실을 간과해서는 안 된다는 점이다.

> 그것(시극) 정확히 말하면 주로 라디오를 위한 것이었는데 '꽃소라'라든가 '모래와 산소' 등 다 줄거리는 별반 없고 인간의 어떤 상태 (그것이 인간의 가장 인간적인 어떤 면을 가장 적나라하게 드러 낼 수 있을 때 관중은 거기서 충격을 받는 것이라고 봅니다만)를 그려 낸 것이었는데 그것만으로도 드라마가 충분히 성립되더군요.[29]

그렇다고 해서 전봉건의 『춘향연가』가 '시극'이라는 것은 아니다. 문제의 초점은 하나의 실험적 형태로 그가 시도한 시극이 첫째, 줄거

---

26) 염무웅, 「서사시의 가능성과 문제점」, 『한국문학의 현단계 1』, 창작과비평사, 1982. 49쪽.
27) 김준오, 「전달의 미학과 장시의 연희화」, 『문예중앙』, 1986년 여름호. 60쪽.
28) KBS를 비롯해서 동아방송에서 방송사 측의 주문에 의해 30분 짜리 「驛」, 「비」, 한시간 짜리 「꽃소라」 등을 썼으며, 「꽃소라」는 방송 뒤 『世代』 誌에, 그 뒤 『現代文學』 誌에는 「모래와 酸素」를 발표했다. 전봉건 · 박정만 대담, 「나의 문학, 나의 시작법」, 『현대문학』, 1983.4. 279쪽 참조.
29) 전봉건 · 이승훈 대담, 「김춘수의 허무 또는 영원」, 『현대시학』, 1973.11. 71쪽.

리가 없더라도 청중들에게 전달되는 제시 형식에 관심을 기울였다는 것과, 둘째, 활자만 읽는 독자가 아니라 듣는 청자로서의 개념에서도 시가 쓰여져야 한다는 인식이다.

첫째의 경우를 『춘향연가』와 관련지어 볼 때, 『춘향연가』는 선조적인 이야기의 줄거리가 중요한 것이 아니라, '옥중'에 갇힌 춘향의 상태, 특히 '옥중'에 갇혔기 때문에 더욱 절절한 인간의 마음이 더욱 중요하다는 인식에서 쓰여졌다는 사실이다. 어떻게 보면 어느 대목이나 끊어서 제시해도 지장이 없는 병렬적 구성으로 되어 있다. 물론 이는 부분의 독자성으로서의 판소리의 연희 특질이기도 하다. 그러나 그에게 있어 부분의 독자성으로서의 판소리의 특질보다는 '옥중 현실'을 중심으로 순환적으로 펼쳐지는 환상과 꿈의 파노라마적 구성이 오히려 시적 실험으로서 그 의의를 갖는다고 생각한 듯 하다.

둘째의 경우는 활자를 읽는 독자를 넘어서 청자의 개념에서도 시가 쓰여져야 한다는 인식인데, 『춘향연가』 전편이 한편의 음악처럼 흐른다는 점과–다음 항에서 보다 구체적으로 논의할 것이다–맞물려 매우 큰 의의를 띠고 있다. 먼저, 시의 소리, 그 운율적 패턴을 통해 내면화에 이르려는 시작 과정에 대한 작은 실례만 본 항에서 살펴본다.

> 짐승의 손은 달려들었어요. 내 몸은 벌거숭이가 되었어요. 卞學道에요.
>
> 변학도가 내 몸을 벌거숭이로 하였어요. 卞學道에요. 卞學道에요. 卞學道에요.
>
> 그래요, 卞學道가 있는 거에요.
>
> 당신이 아니에요. 당신은 아니에요.
>
> 그래요, 아니에요. 아니에요. 당신이에요.

그래요 당신이에요.

당신이 있는 거에요.

밤이 있었어요. 당신이 있었어요.

내 허리가 내 마음대로 되지 않았어요.

내 다리도요, 내 고개도요

-862행~871행

862행과 863행은『춘향연가』전편에 걸쳐 전개되는 행 중에서 가장 긴 편에 속한다. 달려드는 짐승의 손, 벌거숭이가 된 자신과, 나를 이렇게 만든 변학도라는 것들을 순식간에 터져나오는 격앙의 감정으로 토로하고 있다. 만약 각각의 경우를 행을 구분하여 끊어서 읽는다면, 춘향의 처연한 마음과 만날 것이다.

그러나 추스를 수 없을 정도의 복합적인 두려움과 수치심은 자신에게 닥친 정황을 차분하게 정리하기엔 너무도 벅찬 일인 까닭에 자괴심의 상승적 곡선으로 치달을 수밖에 없을 것이다. 그 정점에서 세 번이나 중첩되며 토해지는 "卞學道에요"는 이미 절규와 같은 것이다. 그러다가 다음 행에 툭 떨어지는 "그래요"는 지금까지 밖으로 터져나오던 격앙의 감정인 빠른 소리를 거두어들이고 안으로 추스르며 톤을 가라앉히는 소리로서 그 의미를 갖는다.[30] 격정의 급박함이 내면에서 가다듬은 "그래요"라는 소리 속에 긴장된 감정의 이완을 가져오며, 그 소리의 간극에 "그래요, 아니에요. 아니에요. 당신이에요"라고 하고 또 다른

30) 이러한 소리의 호흡이 지니는 중요함을 전봉건은 박재삼의 시 「무제」를 해설하면서 지적한 바 있다. 박재삼의 시 1연 1행 '손이 그 저지르는 잘못을'에서 '그'가 들어감으로써, 이 시 내부에 지니는 톤을 고전적 시조 창법으로 이끌며, 긴 호흡의 담백하고 한없이 가라앉은 소리로 이끌며 상대적으로 '그'가 빠지면 호흡이 짧아진다는 것이다. 전봉건 시론집『시를 찾아서』, 앞의 책, 98쪽 참조.

희열의 들뜬 감정으로 약간 빠른 소리마디 속에 상대적으로 떠올리는 이몽룡의 공간을 설정하여 격정의 해소를 가져온다.

다시 반복되는 "그래요"라는 내면으로 가라앉히는 소리마디와 "당신이 있는거에요"라는 마음속의 다짐이 교차되고, 변학도에게 유린당하는 지금의 벌거숭이 몸이 아니라 내면의 공간에서 이몽룡과 만나고 그들이 사랑을 나눌 때의 벌거숭이로 회귀한다. 잔잔한 가락은 아쉬움 속에 아득한 과거를 회상하는 데에 적당한 내면의 공간을 춘향에게 준다. 그리고 그 때의 수줍은 순간들을 한 행마다, 그것도 한 행 속에서 "내 다리" "내 고개"와 같이 툭툭 끊는 소리마디로써 잘게 드러낸다.

전봉건은 스스로 새로운 시적 현실 창조로서의 이미지가 '정념'을 불러일으킨다면 "이러한 '정념'에 조화와 아름다움의 규제를 부여하는 것이 리듬이고, 무형의 사상에 어떤 형태라는 잘 디자인된 옷을 입혀주는 것이 리듬"[31]이라는 생각으로 그의 시작의 중요한 바탕을 이루고 있는 결은 '시의 소리이며, 궁극적으로 멜로디의 추구'라는 점을 밝힌 바 있다. 그는 이것을 "구르몽의 말을 빌리자면 '자아의 暗闇'속에 숨은 미묘한 무엇, 현상의 저편에 숨은 이데의 실체"[32]라고 한다.

전봉건 시의 소리 체계는 1950년대 시에서는 정형화의 단순한 노랫가락이 아닌 내면에 흐르는 리듬으로 길어지고 짧아지고 하다가, 1960년대에 이르러서는 매우 작위적일 정도로–그는 이것 역시 시의 효과를 위해 계산적이라고 말하고 있다–한 편의 교향악과 같은 멜로디 체계로 본격화된다. 전봉건이 추구하는 시의 소리가 단순히 리듬이 규칙적으로, 혹은 똑같은 단위의 재현으로 구성되어 일정한 반복의 양식을 수량적이거나 기계적으로 다루는 데서 성립되는 이른바 운율의 개념이

31) 전봉건 시론집, 위의 책, 193쪽.
32) 위의 책, 185쪽.

아니라는 것이다. 궁극적으로 “모든 시가 리드미컬할 수는 있어도 그것이 항상 율격적(metrecal)일 수는 없다”[33]라는 것을 드러낸 셈인데, 이는 다양하면서도 입체적인 내면세계와 유기적 관련을 맺고 있는 반복과 변주라는 생각으로 이어진다. 그리하여 그는 “시는 주장이 아니다. 시는 내부의 핵심에서 끊이지 않는 가락을 다 내는 노래이다”[34]라는 입장을 견지한다. 문제의 초점은 그가 생각하고 있는 반복과 변주가 단순한 음성 상징의 개념을 넘어서 음악에서의 멜로디라는 개념에 기초하고 있다는 점이다. 그가 생각하고 있는 멜로디의 개념은 김춘수의 「처용단장 제 2부-들리는 소리」의 작품을 해석하는 과정에서 극명하게 드러나 있다.

> 그것(그의 시가 무의미의 시가 아닌 것-인용자 주)을 더욱 확신케 해주는 것이 그가 여기에서 사용하고 있는 열띤, 그리고 지속적인 반복 리듬이다. 자수로서 계산되는 리듬도 그러하지만, 특히 똑같은 말을 되풀이 해서 잡는 반복 리듬은 시를 음악의 상태로 끌고 가려는 ‘무의미 시’ 제작의 기법은 아닌 것이다. 그것은 시의 외형적 틀을 음악적이게 하는 데서 그치는 기법이며, 동시에 테에마 강조의 기법인 것이다. 똑같은 말을 되풀이해서 잡는 반복은 리듬이 아니라, 이미 멜로디라고 보아야 할 것이다. 멜로디는 논리이고 의미인 것이다.[35]

---

33) C. Brooks & R. P. Warren, *Understanding Poetry*. Holt. Rinehart Winston Inc. 1960. 50쪽.

34) 「전봉건의 아포리즘」, 『현대시학』, 1988.8. 76쪽.

35) 전봉건, 「대작들과 일품들」, 『73년도 총평, 문제작을 찾아서』, 『월간문학』, 1973. 12. 194쪽.

위의 진술에서 알 수 있는 바와 같이 똑같은 말을 되풀이해서 잡는 리듬은 반복이 아니라 이미 멜로디이며, 이때 멜로디는 논리이고 의미라는 것이다.

다음 항에서 보다 구체적으로 살펴보겠지만, 『춘향연가』는 멜로디에 기초한 시의 소리를 실험한 작품으로 그 의의를 더하고 있다고 생각한다. 따라서 『춘향연가』는 우리 시사에 보기 드문, 장시 형태의 노래시이며, 장르적 특성으로 내재하고 있는 것은 서정적이고 극적인 특성을 포괄하고 있는 것으로 보아야 한다. 극적 독백이면서도 서정적이며, 게다가 활자로 읽는 독자를 대상으로 하는 것이 아니라 청자에 대한 음악적인 제시 양식으로서 시의 실험성이 함께 하고 있기 때문에 더욱 그렇다.

5.2.3. 혼의 전일성으로서 음악의 시

오세영은 전봉건의 장시들을 읽어보면 시적 진술이 매우 리드미컬하다는 점을 감지하게 되며, 시의 음악성을 살리는 비결이 통사론적 반복성과 진술의 대응 구조를 적절히 배합하는 데 있으며, 시 『춘향연가』를 중심으로 볼 때, 그의 시의 주된 특징인 진술의 반복성으로서 1) 음운의 반복, 2) 어귀의 반복, 3) 진술의 반복, 4) 동일 어법의 반복, 5) 의미 병치의 반복을 들고 있다.[36] 오세영의 이러한 지적은 그의 시의 기본적 주조를 밝힌 것이다. 그러나 아쉬운 점은 그러한 논의가 기존의 운율적 개념을 벗어나지 않는 범주에서 『춘향연가』에 내재되어 있는 소리의 체계, 특히 멜로디가 이루는 음악성의 체계로까지 나아가지

---

36) 오세영, 「장시의 개념과 가능성」, 『상상력과 논리』, 민음사, 1991. 189~191쪽.

못하여 논의가 유보되어 있다는 점이다.

멜로디가 이루는 음악성으로서 시의 소리 체계라는 것은, 시의 운율·구문론적 관점에서 비롯된다. 반복과 변화의 운율적 패턴과 더불어 음성학적인 억양을 중시하는 태도이다. 러시아 형식주의 문학이론가를 중심으로 전개되었던 이러한 일련의 연구는 시의 소리 체계를 억양의 체계로서 멜로디의 개념으로 확대 심화하여 기존의 운율 개념을 넘어서려고 시도된 것이다. 보리스 토마셰프스키는 "리듬의 문제는 가상의 운율과 모순된다. 그것은 오히려 行과 그 자체의 단일한 파동 내에서의 숨을 내쉬는 에너지의 분배로 보아야 할 것"[37]이라고 주장하였다. 구절의 억양과 협화음(두운, 각운 등)의 리듬은 낱말 액센트의 리듬과 병존하며, 따라서 행을 시 창조의 기능을 가진 유일한 단위로서, 화법의 특수한 형태로 간주했던 것이다.

우리 나라 말의 소리 체계의 경우, 낱말의 강세보다는 장단이 소리의 주조를 이룬다는 점에서 적용되기 어려운 점이 없지 않아 있을 것이다. 그러나 시적 정감에 따라 이루어지는 '빠르기'와 '느리기'라는 수평적 구조에서는 이러한 이론을 간과할 수 없다. 말하자면 수직적인 동시성으로 이루어지는 하모니는 없어도, 음의 연속적 나열이라는 수평적인 연속성에서는 길고 짧게 하는 소리 체계가 억양의 변화를 불러일으키며, 동시에 멜로디를 형성할 수 있다는 것이다.[38]

---

37) 보리스 토마셰프스키, 「시적 리듬의 문제」, 보리스 아이헨바움, 「형식적 방법의 이론」에서 재인용. 한기찬 역, 『러시아 형식주의 문학이론』, 월인재, 1980. 178쪽.

38) 심지어 시적 진술을 시적 형식에서보다 더 중시하여 시를 썼던 김수영의 경우, 특히 이러한 억양 분절 사이의 구획을 누구보다도 빈번하게 사용한 시인이다. 예를 들면 <나는 너무나 많은 尖端의 노래만을 불러왔다 / 나는 停止의 美에 等閑하였다 / 나무여 靈魂이여 / 가벼운 참새같이 나는 잠시 너의 />(「序詩」 1~4행)에서, 4행은 <가벼운 참새같이 / 나는 잠시 / 너의>와 같은 억양 분절 사이의 구획을 갖는 경우이다. 그렇다고 그가 규칙적인 일정한 율격구도를 갖고 있다는

따라서 시의 소리체계를 음절 단위의 음상으로만 국한시킬 것이 아니라, 통사적 국면에서 하나의 행이 이루는 분할적 낭송 체계로 확대해야 할 것이다. 이러한 관점에서 전봉건의 『춘향연가』에 나타난 멜로디의 음악성을 살펴본다.

전체를 조감할 수는 없으므로 옥중의 현실 인식과 이몽룡을 향한 사랑의 다짐과 별리의 슬픔, 그리고 그가 나에게 말 건네는 환청으로 접하는 그의 다함없는 사랑의 고백이 들어 있는 394행에서부터 692행을 대상으로 한다.

벽인데,
꿈 아니면 볼 것인가.
이곳엔
걷을 珠簾이 없고
지금은
案席 밑에 베개 놓고
닫을 문도 없다.

-394행~400행

첫째 행이 짧고 둘째 행이 길면 둘째 행의 낭송은 첫째 행보다는 속도가 빠르다.[39] 굳이 "벽인데" 다음에 휴지부를 두지 않더라도 "꿈 아

말은 아니다. 다만 자유시의 리듬 조직이라는 부담에서 완전히 벗어나기는 어려웠을 것이며, 특히 시의 낭송 체제를 염두에 두고 있었던 것으로 보인다. 따라서 구문론적 반복과 '행 갈이'는 그의 시에 있어 중요한 요소가 된다.

39) 반대로 첫째 행이 장황하면 둘째 행은 낭송속도가 그만큼 지연된다. 얀 무카로브스키, 「시 리듬의 기본 요인 : 억양」, 박인기 편역, 『현대시의 이론』, 지식산업사, 1989. 158쪽.

니면 볼 것인가"는 처음보다는 빨라진다. "벽인데"에서 환기하는 화자의 막막함과, "꿈 아니면 볼 것인가"라는 것이 안타까운 탄식이라는 점에서 속도의 차이를 내포하고 있는 것이다. 아무튼 인간의 정감과 음의 속도는 같은 것이라는 전제에서 보면, 막막함과 탄식이라는 정조 아래, 처음에는 느릿하고 무거운 멜로디로 전개된다. 악곡의 빠르기로 본다면 렌토(lento) 정도이다.

그러던 것이 아래와 같이, 간간이 내뱉는 "-것인가"라는 의문형 구문이 이어지면서 빠르기를 갖게 되는데, 소리 자체의 억양이 들려지는 동시에 그에 대한 답을 구하는 화법 체계에 의해 빠르기를 갖게 된다. 그러나 억양은 들려져 있으나 폐쇄적 화법인 "-인데"라는 것에 의해 급박할 정도의 빠르기가 제어되고 있다.

나에겐 잠도 오지 않는다.
잠이 온대도
꿈의 나래가
얼마나 길어서
이 산을 넘어올 것인가.
모가지가 길어서
잘도 울리는 학의 목소리도
이 산을 넘어 오지 못하는데.
슬픈 마음은 산이 되고
쓸쓸한 마음은 산이 되었는데.

-401행~410행

이는 자신에게 묻고 스스로가 답변하는 독백 체계로서 궁극적으로 해결의 실마리는 어디에도 보이지 않는 정서 체계 속에 자리잡는다. 말하자면 답답한 언술 체계인 셈이다. 따라서 "-것인가"가 이끄는 것은 스스로에게 묻는 안타까운 탄식이고, "-인데"가 이끄는 것은 막막한 처연함이다. 그 처연함이 멜로디의 빠르기를 제어하고 있다. 특히 주목할 점은 안타까운 탄식인 "것인가"와 막막한 처연함인 "-인데"의 구조가 상호 대위를 이루는 것은 보다 극적인 소리 체계를 이끌게 마련이며, 이는 마치 단일 주제가 특정한 조관계를 지키면서 그 관련된 각 조에서 반복 제시되는 악곡을 위한 형식인 푸가(Fuga)곡을 연상케 한다.40)

이제는 아래와 같이 음계가 높고 가장 개방된 모음인 'ㅏ'가, 음계는 높지만 닫힌 소리체계인 'ㅔ'와 대비되면서, 빠른 긴장감으로 치닫게 된다. 빠르다고 하는 까닭은 격한 감정 속에 음계가 상승 구도를 띠고 있기 때문이다.

> 潤나는 빛과 뜻있는 모양이 없다.
> 평생을 보고도 남을 모습이 없다.

---

40) 전봉건이 바하와 모차르트에 심취해 있었다는 사실을 하나의 논거로써 참조하였다. 전봉건, 「음악의 의미」, 『신천지』(1954.7) 특히 바하의 Toccata(반복적이고도 연속적인 패턴에 기초를 둔 음형)와 앞서 든 Fuga 곡조(특수한 패턴의 의식적이고도 계획된 사용)에 심취해 있었다는 사실은, 이러한 논점과 전혀 무관하지는 않을 것이라는 추정에서 비롯된 것이다. 김현은 "『춘향연가』를 쓴 사람이 판소리나 잡가를 듣는 것이 아니라, 구라파 정신의 극치라는 모차르트와 바하를 즐긴다는 데에서 전봉건의 비밀이 숨어 있다." 라고 말하고 있기도 하다. 김현 「전봉건을 찾아서」, 앞의 책, 417쪽. 적어도 분명한 것은 『춘향연가』의 음악적 패턴이 우리의 판소리나 잡가와는 전혀 다른 패턴 속에 실현되고 있다는 사실에 주목해야 할 것이라는 점이다. 음악에 관련한 사항은 Leon Stein, *Structure and Style – The study and analysis of musical forms*, 박재열·이영조 공역, 『음악 형식의 분석 연구』(세광음악출판사, 10판, 1991)와 Joseph Machlis with Kristine Forney, *The Enjoyment of Music*, 신금선 역, 『음악의 즐거움』(이화여대출판부, 1997)을 참조하였음.

여자만이 있는 곳이 있었는데,
깊디 깊은 곳이 있었는데,
지금은 간직할 아무 것도 없다.
찬 바람이 불어도 침실이 없다.

-421행~426행

단정적인 정감의 분출로서 "다"가 환기하는 소리 체계는 소리의 빠르기로 이어지기도 하지만 더욱 중요한 것은 그것이 "데"라는 소리와 마주하여 팍팍한 절망감과 조우하게 된다는 점이다. 따라서 작은 격정을 불러일으킨다. 작은 격정은 아래와 같이 침묵과도 같은 작은 소리들의 연결 속에서 가라앉는다.

생 밤
삶은 밤.
수박.
흰 꿀.

-434행~437행

더욱이 그 작은 소리들이 종전에 거칠게 토해 냈던 자신의 심사와는 전혀 거리가 먼 낯선 말들의 조합으로 이루어져 있어 앞선 격정을 완전히 끊어 낸 듯한 느낌을 불러일으킨다. 열거되는 "생밤, 삶은 밤, 수박, 흰 꿀"들은 어떠한 의미를 지시하거나 일정한 이미지를 환기시키는 것도 아니다. 마치 횡설수설하듯이 되풀이하는 소리들(divagation)일 뿐이다. 자꾸 되풀이되다 보면 자신도 모르게 환각으로 이끌리게 하며, 그것은 내면에서 울리는 꿈의 소용돌이와 같아, 매우 빠른 환상적 멜로디를 형성한다.

> 누가 구름을 탔던가,
> 누가 白鷺를 탔던가.
> 누가 고래를 탔던가,
> 말을 탔던가.
> 누가 鶴을 탔던가.
> 누가 꾀꼬리를 탔던가,
> 누가 꾀꼬리를 탔던가.

-440행~446행

숨가쁠 정도로 치닫는 의문형의 연속은 스스로의 감정을 추스를 내면 공간을 배제시키고 오로지 자신도 모를 정도의 멜로디에 실린 채, 환상처럼 교차하는 무수한 이미지들로만 난무하다. 여기에 나오는 "구름, 고래, 백로, 말, 학, 꾀꼬리" 등은 지시적 의미 대상이 아닌 까닭에 일정한 소리의 구속력조차도 배제되어 있다. 위의 소리는 빠르기는 하나 가볍고 경쾌한 멜로디가 아니라, 비장감을 띠고 있다. 그것은 '탔나' '탔었나' '타는가'가 아니라 "탔던가"라는 소리 안에 들어 있는 '던'이 환기하는 장중함 때문이다. 말하자면 파운드가 말하는 '절대리듬', 즉 '표현해야 할 정서나 정서의 미묘한 음영에 정확히 상응하는' 그런 소리와 리듬의 채택인 셈이다.

환상 속에 치닫는 의문형의 반복이 갖는 빠르기가 이제는 아래와 같이 "데"를 주조로 한 연속 속에, 한 행이 비교적 긴, 말하자면 한 순간에 터져 나오는 억한 감정들이 상대적 대립을 유도하는 "데"라는 소리 속에 갇혀 터져 나오려는 것을 붙잡아 매면서 다그치는 형상 속에 이어진다.

> 해바라기는 一刻인들 변함이 없는데.
> 땅이 무너져도 내 그림자는
> 돌이 될 수 없는데.
> 水 火 木 金 土로
> 맺은 사연이 올올이 찢기어도,
> 그 목소리는 잠결의 구슬인데.
> 그 목소리는 四肢가 갈리는
> 어둠과 빛의 사이에서도 못 잊는데.
>
> –450행~457행

여기서 "데"로 이끌어지는 것은 위의 의문형의 연속과 같은 환상이 스스로의 마음속에 가득하나 펼칠 수 없는 안타까움에서 치닫는 절규와도 같은 성격을 띠고 있다. 특히 "없는데, 없는데, 못 잊는데, 구슬인데"가 일정한 거리를 두면서 반복되는 가운데, 그 사이마다 "그림자는, 土로, 찢기어도, 갈리는" 등이 교차 배열되는 것은, 소리의 규제성 속에 감정을 토로하는 체계로서 자리잡고 있다.

한편, 위와 같이 치닫는 행의 끝머리에 "어디서 그 노래와 만날 것인가."라는 것을 통해 정점을 이루며 툭 소리를 끊어 내면서 이어지는 "당신은 / 노래하였네"(469행~470행)가 나온다. 그러나 그것은 잠깐의 휴지와 같으며[41] 아울러 이몽룡이 춘향에게 말을 건네는 형식으로 전

41) 이러한 시행 조직에 대한 형식주의적인 접근은 야콥슨이 주장한 '이른바 자유시들은 억양과 휴지의 변용에만 근거한다'라는 말과 유관한 것이다. Antony Easthope, *Poetry as Discourse*, 박인기 역, 『시와 담론』, 지식산업사, 1994. 239~240쪽 참조.

환하기 위한 장치이기도 하다. 또한 춘향이 접하는 환청이기도 하다. 이는 아래와 같이 전개되는데, 사랑하는 이몽룡이 구애와 같은 말을 건네는 만큼 가볍고 경쾌하다.

꽃에 비오는 동산에서
모란에서,
펑퍼지고 고운 마음에서 너를.
산에 수놓은 紅綠의 빛에서.
바람 속에서,
꿀벌과 나비에 물린 꽃술의
기꺼움에서 너를.

-475행~481행

"-에서"와 "를"이 서로 치고 달리는 음으로 상호 교차되면서 길지 않은 한 행 속에서 가볍게 빠르기를 더해 나가는데, "를"의 소리가 환기하는 경쾌한 너의 모습은 밝은 이미지와의 결합으로, 상승하는 열락의 정점에서 가볍다. 그것은 무려 47행이나 환희의 멜로디로 치고 달린다. 갑자기 "네가 죽어도 / 내가 너의 이름을 부르마. / 물의 이름으로"(518행~520행)에서 급전하면서 이번에는 비장함 속에 하강의 빠른 멜로디를 형성하며 "부르마" "채우마"라는 간절함 속에 치는 소리와 "-으로"라는 되받는 소리의 교차 속에 애절함을 극에 오르게 한다. 특히 이 애절함은 끊어질 듯 하다가 이어지는 행간의 변주로 그 효과를 더욱 극대화하고 있다.

땅을 두르는 長江의 이름으로

너를.
아니다
아니다.
칠년을 비가 내리지 않아도
칠년을 가뭄이 불타 올라도,
다름없이 넘치도록 많은
陰陽水의 이름으로
너를 부르마.
너를 부르는
나는 새.
杜鵑

-527행~538행

위에 보는 바와 같이 'ㅏ'와 'ㅗ'의 높은 음 속에, 때로는 길게 혹은 짧게 변주를 이루면서 치닫는 행이 무려 77행을 이루며 물결처럼 흐른다. 연이어 "나는 부른다"와 "너를"이 교차되면서 격정적인 사랑을 노래하다가(598행~624행) 다시 "내가 / 너를 / 부른다."(625행~627행)로 잠시 격정을 추스르다가 "꿈일까" "있을까"라는 반복 속에 나직한 소리의 이끌림으로 유도하는데 이는 환상의 세계로 들게 하기 위한 장치와도 같다. 그 환상 속에서 나와 그는 알몸으로 뒹군다(692행까지).

이상에서 주목할 점은 행의 구문론적 반복과 변화 속에 억양을 얻고, 그것이 협화음(각운 등) 혹은 다양한 불협화음의 교차와 병존하는 가운데, 시적 정감 속에 혼효되고 있다는 것이다. 행마다 대비되거나 교차, 혹은 반복되는 구문들이 감정을 조율하며, "환상을 조정하고 언어적 조수를 가로막는 둑이며, 물꼬를 내어 리듬을 통제"[42)]하는 전봉건 시의 독특한 멜로디 체계가 되고 있다. 춘향이 접하는 환청에서는 상승하는 경쾌한 처음과, 대등한 속도이지만 비장함을 내포한 하강하는 끝이 이른바 하모니를 이루며, 환상의 동시성으로 나란히 자리잡는 것을 알 수 있었다. 중요한 사실은 이러한 멜로디 구성이 화자의 정서를 고스란히 드러내고, 이른바 혼의 전일성으로서 작품의 의미 형성에 큰 이바지를 한다는 점이다. 왜냐하면 "멜로디 구도는 작품 의미의 구도이며, 작품이 말하고자 하는 것(예컨대 푸가 곡의 소재로 언급되는 것)의 기본적인 표현"[43)]이기 때문이다. 그는 스스로도 "낮은 풍금 소리와도 같은, 색깔로 치면 부드러운 중간색, 은은히 밝은 불꽃같은 말, 그러다가 옹골지고 단단해지고 창자도 떨려 나가는 큰 소리와 두 눈 다 멀 듯한 눈부신 빛깔을 내고 그리고 가슴뼈 한두 개쯤은 불붙게 하는 뜨거움으로 타오르는 말을 가장 소중하게 알아모시며, 무기질과 같이 꺼칠한 말도 곁눈질을 보낸다"[44)]라고 하였다.

이렇게 보면 『춘향연가』는 멜로디에 기초한 시의 소리를 한편의 교향악과 같이 장시에 도입하여 시도한 작품으로 그 의의를 더하고 있다고 하겠다.

---

42) Octavio Paz, *El arco y la lira*, 김홍근 · 김은중 역, 『활과 리라』, 솔, 1998. 96쪽.
43) Mikel Dufrenne, *Phenomenologie de l'experience esthfoeique*, 김채현 역, 『미적 체험의 현상학』, 이화여대출판부, 1991. 467쪽.
44) 전봉건, 「메모-나의 시, 나의 시론」, 앞의 책, 295쪽.

6. 시적 성찰과 이미지의 심화

6.1. 말의 기능에 관한 시적 성찰

1960년대를 대표하던 작품이 연작시 「속의 바다」와 장시 『춘향연가』라고 한다면, 1970년대를 관류하는 의미 있는 작품으로 연작시 「마카로니 웨스턴」을 중심으로 한[1] 「말」 연작시 등 일련의 작품을 들 수 있겠다. 「속의 바다」와 『춘향연가』에서 보여 주었던 실험적 시의식과 다양한 시적 접근 이후에 그가 생각한 것은 무엇인가?

1979년에 나온 전봉건의 시집 『피리』 서문에서, 그는 "70년대 후반 자신의 마음 쓰임이 주로 말의 기능 쪽으로 기울인 느낌이 짙다"라고 술회하고 있다. 시인으로서 하는 말이 무엇을 향한 말이 되어야 하며, 어떠한 말이 시의 말로 자리잡아야 온당한 일인가에 대한 그의 시적

---

1) 최동호는 전봉건에게 있어 1970년대는 「마카로니 웨스턴」 시대, 1980년대는 새로운 자기확립을 위한 「돌」의 시대라고 하고 있다. 최동호, 「실존하는 삶의 역사성」, 『평정의 시학을 위하여』, 민음사, 1991. 135쪽. 또한 하현식 역시 1970년대 전봉건 시학의 특성이 '말의 기능'에의 심화를 통한 자기 성찰로 간추릴 수 있다고 보면서 「마카로니 웨스턴」 연작은 세계의 모순적 관계 양식을 표출하는 작품으로서 궁극적으로 시인이 보여주어야 할 지향점으로서 그 의의가 있음을 강조하고 있다. 하현식, 「사유와 직관의 변증법」, 『한국시인론』, 백산출판사, 1990. 231~233쪽.

성찰인 셈이다. 말하자면 기법과 실험이라는 형식 이후에 시가 지향해야 할 진정한 길은 무엇이며, 어떠한 시적 발언들이 스스로의 의미를 지니고 존재해야 하는가라는 생각에 몰두한 것으로 여겨진다.

이러한 인식의 첫머리에 연작시 「마카로니 웨스턴」이 있다. 아무리 폭력적이더라도 궁극적으로 휴머니즘을 지향하는[2] 미국 개척 시대 서부극과는 달리, 마카로니 웨스턴은 신과 같이 초인적인 능력을 가진 자가 악당들을 죽음으로 내몰고 세상을 평정한다는 철저한 폭력적 힘의 지배 논리로써 이루어진 영화이다.

> 그는 돈이 없다 그는 女子가 없다 그는 집이 없다 그는 예수와 비슷하다 있는 것이란 남루한 옷 말 한필 여기까지도 그는 예수와 비슷하다 그리고 拳銃 한 자루 버러지같은 것들을 한 놈도 남김없이 쏴 죽이는 射擊의 名手 이런 점에선 그는 예수와 딴판이다. 그러나 긴 머리 덥수룩한 수염에 우물 속 같은 눈이 다시 예수와 비슷하고 땅에서 죽는 일이 없는 그는 하늘에나 묻힐 사람으로서 예수와 아주 비슷하다
>
> -「마카로니 웨스턴」

그와 예수를 동일선상에 올려놓을 수 있는 것은 악을 징벌한다는 데에 있다. 그와 예수가 다른 까닭은 그가 버러지 같은 것들을 한 놈도 남김 없이 쏴 죽이는 데 반해, 예수는 인간의 악덕을 징벌하기도 하지만 용서와 사랑으로 악을 포용한다는 점에서이다. 그와 예수가 아주

---

2) 물론 그러한 휴머니즘의 이면에는 위대한 미국이라는 이데올로기 아래 영웅주의를 배태하는 모순이 숨어 있기는 하다. 여기서는 그러한 개념에까지 확대 해석하고자 하는 생각은 없다. 다만 그러한 영화 매체가 일반 대중들에게 피상적으로 다가설 경우를 우려하여 말한다.

비슷한 점은 땅에서 죽는 일 없이 하늘에나 묻힐 사람이라는 점에서이다. 그는 거의 불사신에 가까워서 그가 땅에서 죽는 것을 볼 수 없을 정도이다.

사랑으로 세상을 구원하는 예수와 폭력으로 세상을 평정하는 그와의 대비를 통해 말하고자 하는 것이 무엇인지 분명하지는 않다. 다만 선(善)에 의해 선을 생성하여 세상을 빛으로 만드는 이와, 악(惡)으로 악을 평정하여 세상을 죽음의 어둠으로 전락시키는 것의 차이는 그에게 하나의 상징으로 자리잡고 있는 듯 보인다. 마카로니 웨스턴의 주인공인 그는 잿빛 발걸음을 황폐화된 인간을 향해 돌리며 인간의 탐욕과 교만을 주검으로 만들어 어둠 속에 빛난다. 그가 지배하는 세계는 다음과 같은 곳이다.

그곳에서는
누가 하모니카를 부는데
피를 뒤집어 쓰고 죽은 저녁 노을이
까마귀도 가지 않는 서쪽 낮은 하늘에
팽개쳐져 있다.

―「다시 마카로니 웨스턴」 부분

죽음의 사자로 표상되는 까마귀도 가지 않는 주검의 세계, 그곳은 곧 비정함으로 가득한 세계이다. 그 세계에서 그는 하모니카를 분다. 그에게 삶은 무미건조하며 죽음만이 매혹이며, 차가운 듯한 하모니카 소리만큼이나 냉혹무비하다. 한 마디로 「마카로니 웨스턴」의 세계는 비정함이 악을 지배하는 세계, 죽음이 죽음을 지배하는 세계이다. 그러기에 "악당들은 봄에도 죽는다. 죽었던 가지에 꽃핀 나무 등걸에 기대어 죽는다."(「또다시 마카로니 웨스턴」) 죽음을 딛고 연민의 싹으로 다시 움트는 것조차 용납하지 못하는 고유한 냉혹성 아래, 악당들은 더욱이 희화적으로 죽는다. 음탕스럽게 질척거리는 흙탕물에 처박고 죽으며, 매리의 허벅지 같은 구름을 잡으며 그들은 죽는다. 결국 인간으로서 어떠한 의미마저도 부여받지 못한 채로 죽어가고 있는 것이다. 「마카로니 웨스턴」의 주인공이 지배하는 세계는 이른바 탐욕으로 가득한 악당들이 사는 세계이며, 그 악당을 자연의 법칙을 거스르는 비정함으로써 다스리는 위악적인 세계이다. 그 세계에 살고 있는 사람들은 다음과 같은 죽음으로 귀결된다.

피에트로 문에서 죽고
피에트로 늪에서 죽고
피에트로 묘지에서 죽고
피에트로 밥상에서 죽고
피에트로 말잔등에서 죽고
피에트로 바람속에서 죽고
피에트로 계단 아래서 죽고
피에트로 계집 위에서 죽고
피에트로 진창에서 죽고
피에트로 길에서 죽고

피에트로 섬에서 죽고

—「마지막 마카로니 웨스턴」

우리는 위의 시에서 죽음이 뜻하는 구체적인 의미, 말하자면 그가 왜 죽어야 하는지 알 수가 없다. 또 한편으로 위의 시는 죽어나가는 이가 무수한 피에트로와 같이 이미 익명화된 암호로 의장되어 있어서, 이미 시인이 의도하는 바가 '누가 죽든 무슨 상관이야'라는 사람들의 냉담함 쪽에 초점을 맞추고 있다는 것도 알게 된다. 더욱이 사람들은 총소리와 같이 짤막한 가운데 빠르지만 결코 무겁지 않은 비바체(vivace) 선율에 기대어, 결코 죽음에 대한 무거움 없이 가볍게 '자식들 막 죽어 나가는구만'이라는 메시지로서 받아들이고, 그 죽음에 대해 전혀 어떠한 의미도 부여하지 않는다. 탕탕탕 하는 총소리와 함께 나오는 마카로니 웨스턴 음악에 묻혀 있으며, 그러한 소리 체계에 압도되어 있기 때문이다. 시인은 이러한 소리 체계가 환기하는 비바체 선율을 배면으로 깔고, "화자와 수신자 사이에서 메시지를 전한다. 그러나 음악이 구체적인 의미를 전한다고 말하기는 어렵다."[3] 말하자면 이것 역시 시적 장치가 된다. 비바체와 같은 연속적이고 위압적인 총소리에 묻혀 진정한 의미를 건져 내지 못하는 무수한 사람들, 그들에게 죽음은 가벼운 유희일 뿐이다.

죽음이 가벼운 유희가 되는 세상, 그것이 시인으로서 전봉건이 느낀 자신을 포함한 우리 모두의 삶의 진실일지도 모른다. 죽음이 유희가 되면 삶은 얼마나 황당하고 무의미한 것인가. 어쩌면 죽음을 유희처럼 생각하는 우리 시대의 모든 인간들은 마치 「마카로니 웨스턴」의 주인공과 같은 존재일 수도 있다. 두려운 심판자이기도 하지만 동시에 신에게 버림받은 죽음의 희생자이기도 한 것이 우리 자신의 모습이 아닌가. 이른바 새디즘과 매저키즘을 동시에 안고 사는 모순된 인간 군상들인 셈이다. 그곳은 바로 무인지대(無人地帶)이다. 인간이 있되 인간이 없는 지대

---

3) Julia Klisteva, *Le Langage, cet Inconnu*, 김인환 · 이수미 역, 『언어, 그 미지의 것』, 민음사, 1997. 384쪽.

이다.

약 2년 뒤인 1975년 2월에 발표한 「마카로니 웨스턴 拾遺」의 끝머리에서 그는 이 세상을 이렇게 표현한다.

> 그 마을에서는
> 아무도 말을 하지 않는다
>
> 바람소리만 듣습지요
> 네에 흙바람소리 말입지요
> 늑대소리만 듣습지요
> 달밤도 대낮도 갈기갈기 찢어발리는
> 늑대소리 말입지요
> 양미간에 한 방
> 네에 왼쪽 젖꼭지 밑에 한 방
> 거짓말 같이 정통으로 총알
> 쑤셔박는 총소리만 듣습지요
> 바람소리만 듣습지요
> 네에 풀이란 풀 모조리 뭉개버리고
> 하늘도 왼통 시꺼멓게 뭉개버리는
> 흙바람소리 말입지요
> 이렇게 남의 이야기처럼 중얼거릴 뿐이다
> 그 마을에서는
> 아무도 자기 말을 하지 않는다.

-「마카로니 웨스턴 拾遺-그 마을」

그 마을에 가득한 것은 풀이란 풀 모조리 뭉개버리고 하늘도 시꺼멓게 뭉개버리는 흙바람 소리와, 낮이건 밤이건 갈기갈기 찢어버리는 늑대소리와, 젖꼭지 밑을 쑤셔박는 총소리뿐이다. 사람들은 그들이 사는 세상의 황폐화와 인간의 무차별한 죽음에 대해 전혀 말하지도 듣지도 않을 뿐 아니라, 심지어 자기의 말조차 하기 싫어하는 세상의 끝자락에 있다.[4] 이러한 세상에 시인이 던지는 '시의 말'이란 도대체 무슨 의미가 있다는 말인가? '어떻게 사는 것이 사람답게 사는 길인가'라는 질문은 말을 통해서 이루어지고, '왜 사는가'라는 또 하나의 질문을 통해 삶은 극복될 수 있는데, 사람들은 '왜'라는 말과 '어떻게'라는 물음을 잃어버린 지 오래이다.

그가 이러한 '말의 기능'을 상실한 세계를 열어 보이는 한편, 비정함이 악을 징벌하는 폭압적 현실 세계의 여울목인 '마카로니 웨스턴'에서 서성거린 까닭은 진정한 말을 하지 못하고 침묵만이 강요되는 억압적 현실 인식과,[5] 진정한 말을 하는 것을 잃어버린 우리 시대의 수많은 인간들을 향한 시선과, 그러한 인간을 향한 진정한 '시의 말'은 무엇이어야 하는가라는 성찰에서 비롯된다고 하겠다.

죽음마저 유희가 되고, 왜 죽어야 하는지가 이미 사람들에게서 지워진 상태에 시인이 던지는 삶의 의미라는 '시의 말'은 얼마나 공허한 것

---

4) 신동욱은 이것을 "언어 부재적 삶의 냉혹성이 또는 비정성이나 비정상성이 적절하게 제시된 것"으로 말하고 있다. 신동욱, 「전봉건의 부드러움과 엄정한 눈」, 『소설문학』, 1981.1. 227쪽. 김현은 "<아무도 말을 하지 않는다>라는 그 무서운 세계가 시인이 본 칠십년대의 한국 현실"이라고 말하고 있다. 김현, 「전봉건에 관한 두 개의 글」, 『책읽기의 괴로움』, 민음사, 1984. 31쪽.

5) 이는 폭압적 현실이 침묵만을 강요하는 시대, 악은 도처에 있었고 무엇을 골라도 악인 시대에서, 대다수의 사람들이 숙명론적 인식 아래, 모든 말은 원칙 설명으로서만 있을 뿐, 스스로의 존재론적 질문이 거세된 상황에서 비롯되는 것이라고 싸르트르는 말하고 있다. J. P. Sartre, 천이두 역, 『침묵하는 공화국』, 일월서각, 1982. 13~41쪽.

인가. 따라서 그는 "봄이 오는 길목에서 벙어리가 되고"(「春夢」), "요즈음은 시 석줄 쓰기가 어렵습니다"(「요즈음의 詩」)라고 토로한다.

새를 두고도
詩가 되지 아니합니다
하늘을 두고도
詩가 되지 아니합니다
아니되는 詩를 땅에 묻고
하늘을 우러르니 비로소
보이는 것이 있습니다
새의 무덤입니다
새는 죽어서 하늘에 묻혀
빛으로 덮이어 있었습니다

－「無題」

시가 되지 않는 시대, 시를 쓰지 못하는 자신에게 던지는 성찰을 보여주는 위의 시에서 그가 본 것은 무엇인가? 죽어서 빛으로 덮이어 빛나는 죽음들이다. 죽음이 빛나는 것은 삶이 빛나는 것과 같은 말이다. 「마카로니 웨스턴」에서 비판적으로 바라본 자신과 수많은 이들에게 던져야 할 메시지 역시 삶의 윤기를 회복해야 한다는 것이다. 회복을 향한 최초의 몸짓이 침묵이 아니라 말을 건넴으로써 하나가 되는 통로를 열어야 한다는 것이다.

말은 건넴의 양식이다. 하이데거의 말처럼 말이 있기 때문에 언어가 있는 것이지 그 반대가 아니다. 무의미한 언어의 파편들은 '－를 향해' '－에 대해' 있음으로 비로소 말이 되는데, 이때 '－를 향해'라는 것은 그가 자신의 세계－내－존재의 가능성으로서 기획 투사하고 있다는 것이다.[6] 즉 스스로가 여는 세계 속에 비로소 말은 스스로의 존재를 일깨우는 기능을 가지며, 동시에 이야기된 그 무엇과 함께 나누는 전체성 속에 삶은 비로소 제 모습을 드러내는 것이다. 시가 되지 않는 것은 스스로가 세계－내－존재로서 자기던짐(企投)을 하지 않은 까닭이다. 그러나 그는 새의 무덤이라는 체험의 세계에 더불어 있음을 인식하여 말을 건네고, 그 말들이 우리들 삶을 형상화할 수 있다는 믿음에 도달한다. 이러한 세계 인식과 맞닿은 자리에 「피리」가 있다. 그것은 그의 말대로 아픔의 말이며, 그 말은 죽어서도 곧추서는 시의 소리로 굳게 자리잡는다.

대나무
잎사귀가
칼질한다.

해가 지도록 칼질한다
달이 지도록 칼질한다
날마다 낮이 다하도록 칼질하고
밤마다 밤이 다 새도록 칼질하다가
십년 이십년 백년 칼질하다가
대나무는 죽는다.

그렇다 대나무가 죽은 뒤
이 세상의 가장 마르고 주름진 손 하나가 와서

6) 이기상, 『하이데거의 실존과 언어』, 문예출판사, 1991. 136~156쪽 참조.

죽은 대나무의 뼈 단단하고 시퍼런
두뼘만큼을 들고
바람 속을 간다.

그렇다 그 뒤
물빛보다 맑은 피리 소리가 땅 끝에 선다
곧 바로 선다.

-「피리」

대나무의 칼질은 「마카로니 웨스턴」에 나오는 총질과는 근원적으로 다르다. 즉각적인 폭압으로 악을 징벌하는 것과 달리 대나무는 악을 인종(忍從)한다. 어쩌면 칼질만 하다가 죽는 대나무의 삶은 상처받은 삶을 안고 사는 무수한 인간들의 모습과도 같다. 그러나 죽어서 맑게 서는 소리로 거듭나는 대나무는 황폐화된 세상을 정화시키는 뿌리이기에 진정 자랑스럽다. 그것이 시의 말이다. 시의 말은 "꿈의 말, 아픔의 말이며 그 말을 가장 詩이게 하는 길을 시인이 선열하게 세워야 한다."[7] 동시에 시의 말은 신성성의 회복으로서 그 사명을 다해야 한다는 믿음으로 자리잡는데, 죽음을 되살리는 길이 삶을 되살리는 길이라는 역설 속에 자리잡고 있다.

겨울 전장
전방 구호소에
허옇게 눈을 뜨고

---

7) 전봉건 시집 『피리』 서문.

죽어 돌아온 병사에게서
쏟아지는 피는
이상하게도 사타구니 한 곳을 향해
흘러내리더니 찬 음모에 엉기고 엉겨
거기서 뭔가 자꾸 꼬리 무는
말을 분주하게 하고 있었다
그 중의 피 한줄기는
발가락 사이까지 빠져 내려가더니
거기서 뭔가 자꾸 끊어지면서
말라붙는 말을 더듬거리고 있었다.

죽은 자의
피는 말을 하고 있었다.

-「말. 5」

그가 말하는 것이 아니라, 피가 말하는 것을 듣는 것이 곧 시의 말이 된다는 의미에서, 시의 말은 '아픔의 말'이며 '상처의 말'이다. '피 묻은 말'에 귀를 기울인다는 것은 역설적으로 '아름다운 피'의 의미를 새겨 삶을 가치롭게 하겠다는 것이다. 1970년대의 시적 지향과 성찰의 과정에서 도달한 이러한 시정신은 그의 1980년대 시 정신으로 자리잡게 되는 초석이 된다.

역시 그에게는 황폐화된 현실에 직면한 '빈 가슴 채우기'로서의 환상이, 그의 시의 본령을 이룬다고 보아야 옳을 것이다. 상처는 스스로의 울림을 형성하며 희생과 비상, 육체와 소멸, 울림과 정화를 내포하는 삶의 원리로 그의 시에 깊게 자리한다.'[8] 따라서 1970년대 후반에 쓴 앞의 시들은 보이지 않는 그들의 영혼을 어둠 속에서 살리어 내는 시적 숭고함에 자신을 바치는 길이 그가 추구해야 할 시의 길이라는 성찰로서 의의를 다하고 있다고 하겠다.

6.2. 표상으로서의 세계와 시적 상상력

초기부터 늘 눈길을 두고 있었기는 했지만, 「속의 바다」와 『춘향연가』 이후 그가 본격적으로 추구했던 시세계 중 하나가 이른바 순간의 시학에 기초한 이미지의 세계이다.

> 연작시 「속의 바다」와 장시 『춘향연가』 이후 나는 짧은 형태의 시에 관심을 두었다. 투명한 표현-이것을 하자면 짧은 형태가 효과적이 아닐까. 손으로 만져지는 표현-이것을 하려고 해도 짧은 형태가 좋을 것같다. 기회가 있으면 '100개의 태양' 이란 이름으로 그런 짧은 작품들을 한 데 묶어 볼 생각이다.[9]

전봉건의 경우, 긴 형태의 시는 이미지와 멜로디의 교합 속에 이루어지는데, 정서적 울림은 멜로디의 음악성이 더 앞서는 것을 앞서 『춘향연가』에서 보여준 실험성에 기초한 음악적인 시의 세계에서 살펴본 바와 같다. 이제 그는 '손으로 만져지는 표현'이라는 상상력을 펼치고자 하는데, 그 원천은 이미지이다. "산문은 서술로써 하는 말이요, 시는 이미지로써 하는 말이다라는 K시인의 지적을 늘 마음에 두고 시를 써

8) 이승훈, 『전봉건의 상처』, 『현대문학』, 1986.6. 403쪽.
9) 전봉건, 「단상」, 『전봉건 시선』, 탐구당, 1985. 237~238쪽.

왔다."[10]는 그것은 "'하나의 그림이 천 마디 말의 가치가 있다.'고 할 때, 문학의 세계는 천 마디 말-진술보다 특히 시의 세계는 하나의 그림-제시의 세계에 그 특성이 주어진다"[11]는 시적 인식에 바탕을 둔 것이다. 분명한 점은 자신의 그러한 생각을 시화하는 데 있어 그렇게 쉽지만은 않았던 것으로 보인다. 말하자면 다양한 시도 속에 때로는 완성도가 뛰어난 작품을, 때로는 미숙한 작품을 산출하기도 하는 일련의 과정을 겪게 된다. 다음 작품은 그가 말하는 짧은 형태, 손으로 만져지는 표현, 그림처럼 다가서는 제시의 형태를 시도하는 과정 중의 한 작품으로, 시도적 의미는 있으나 다소 미숙한 면모를 지니고 있다.

여름이
두고 간 살을
누가 보았던가
와 있는
가을의 피를
누가 보았던가

다만
十月 한낮
하늘 꼭대기
햇덩이
살 한 점
피 한 방울

10) 전봉건, 「메모-나의 시 나의 시론」, 앞의 책, 294쪽.
11) 전봉건 · 이승훈 대담, 「김종삼과 밧하와 이상」, 앞의 책, 75쪽.

아무도 모르게
떨어지더니

저렇게
금빛 나는
석류알마다
살로 피로
터지는
극채색이다

-「석류」

여름이 두고 간 눈부시게 하얀 살과 가을의 숱하게 붉게 물들인 영상들인 피가 하나로 영글어 터지는 석류의 이미지는, 이른바 그가 추구했던 손으로 만져지는 표현을 향한 시도적 작품이다. 그러나 여전히 남는 문제는 시인이 대상을 그리고 있을 뿐이라는 것이다. 대상을 바라보고 선 시인은 대상을 묘사하기에 급급한 나머지 정작 자신의 내면은 그려내지 못하는, 이른바 예쁜 기교는 될 수 있을지라도, 텅 빈 내면의 공소함을 면치 못하는 것이다. 이에 반해 다음의 작품은 시적 완성도라기보다, 진정한 이미지의 포착을 위해 시인의 시선이 어디를 향해야 하는가 하는 시적 물음에 대해 비교적 충실한 작품이 된다.

피아노에 앉은
여자의 두 손에서는
끊임 없이
열마리씩

스무마리씩
신선한 물고기가
튀는 빛의 꼬리를 물고
쏟아진다.

나는 바다로 가서
가장 신나게 시퍼런
파도의 칼날 하나를
집어 들었다.

-「피아노」

피아노 소리가 튀는 빛의 꼬리를 물고 쏟아지는 물고기로 환치되면서, 그 소리들이 가득한 바다에서 시퍼런 파도의 칼날 같은 소리 하나를 집어든다. 이는 단순히 피아노 소리와 바다의 파도를 재현하는 이미지로서 구현된 것이 아니라, 바다는 바다, 혹은 피아노 소리는 피아노 소리라는, 판단 기준으로서의 이데아를 제거한 사물의 본질에 내재하는 선험적 원형에 따라 그때 그곳에 있던 화자의 마음을 모방한 형식에서 비롯되는 이미지이다. 말하자면 주관적으로 내면화된 마음의 모방인데, 이 때 화자의 의지에 따라, 사물은 고착된 것이 아니라 역동적인 상상력 속에서 늘 새롭게 존재하고 살아 숨쉬게 된다. 따라서 위의 시는 어느 한 순간에 있었던 화자의 시퍼런 칼날 같은 마음의 순간적 포착이다. 이른바 순간의 시학에 기초한 이미지의 세계인 셈이다.

불확정성을 지닌 '지금' '여기'에서 순간의 충동 속에, 과거, 현재, 미래가 시인의 내밀한 영혼 속에 용해되어 情的으로 체험되는 서정의 본질에 대해 그는 보다 깊은 관심을 기울인다. 그 관심은 의식의 본체인 인간이 모든 사물을 자신 앞에 벌여 놓고, 그것을 대상적으로 파악하는 태도가 아니라-초기시에서는 이러한 태도가 많이 있었다-자신을 사물 속에, 세계 속에 합일하여 세계와 일체를 이루며, 그리하여 세계 앞에 서는 태도이다. 말하자면 릴케가 말하는 바, "사물들은 스스로에게 답변을 내림이 없이 그냥 존재하는데, 그 열린 자유의 세계"12)에 나의 시혼으로서의 본성을 동화시킨다는 것이다.

물의 살을
비집고 들어갔더니
불이더군

불의 살을
비집고 들어갔더니
금이더군

금의 살을
비집고 들어갔더니
빛이더군

빛의 살을
비집고 들어갔더니
거긴 너였어

---

12) M. Betz, 「Rilke in Frankreich」, 엄선애, 「오 이것은 존재치 않는 동물」, 『독일문학』 41집, 1988. 137쪽에서 재인용.

너의 살을
비집고 들어갔더니
어둠이더군

어둠의 살
비집고 들어갔더니
거기 있더군

아아
종횡무진 궁그는
아흔 아홉 햇덩이 바다.

—「여섯 개의 바다. 6」

위의 시는 바다 위로 떠오르는 해의 이미지를 포착한 것이다. 문제의 초점은 화자가 단순히 굽이치는 바다 위로 퍼져나가는 여명의 붉은 빛을 건너다보는 것이 아니라, 화자의 불같은 마음이 붉은 빛에 비집고 들어간다는 데 있다. 햇덩이가 바다의 수면에서 떨어져 나가려고 할 때, 일렁거리는 이미지는 金빛이고, 화자는 그 금의 살을 비집고 들어가 빛과 조우하고, 빛의 살을 비집고 들어가 어둠을 만난다. 어둠은 화자의 내면을 가득히 채우고 있는 절망의 심연과도 같다. 삶의 빛 속에서 자신의 어둠과 만나고 그 어둠의 살에서 다시 빛을 만나는 변증법적 변용 속에서 나와 세계는 함께 섞여서 움직이는 일체가 된다. 물—불—금—빛—어둠—태양으로 열고 있는 역동적 상상력에 참여하는 전형적 모습을 보여주고 있다. 이러한 시적 태도에 흠이 있다면 마지막 연이다. '아아'라는 감탄사가 발화된 순간, 사물의 세계와 내가 단절되고 건너다보는 것으로 추락하기 때문이다. 이는 어쩌면 그가 말하고 있는 바와 같이 지나치게 "계산된 이미지의 결과"에서 오는 탓일 것이다. 그는 "이미지의 상들은 상상 속에서 계산된 결합의 결과이기 때문에 미아로서의 상이 끼어들어서는 안 되는 균형의 생성으로 정확한 융합이 있어야 한다."[13]는 생각을 견지했었던 사람이다. 다음과 같은 경우가 여기에 해당한다.

꽃이
아니다.
천상의 칼이
가장 밝고 맑은 바람의
고운 자락에서
찍어 낸
살점이다.

그
살점이
뿜은
핏방울이다.

-「꽃은」

꽃이 꽃이 아닌 것은 그가 말하고 있는 바와 같이[14] 그쪽의 현실(마음 밖의 현실)에서 보면 명백한 거짓이다. 그러나 시인의 이쪽의 현실

---

13) 전봉건 시론집, 앞의 책, 119~122쪽.
14) 전봉건, 위의 책, 21쪽.

(마음 안의 현실)에서는 천상의 칼로 표상되는 달이 바람을 갈라 찍어 낸 살점으로서 핏방울이라는 놀라움 속에 결합된 심혼의 세계이다. 이는 문자 그대로 판단중지의 시적 직관의 세계이다. 말하자면 인간이 바라보는 현실에 의해 기존의 정형화된 현실의 시각이 무화되는 영점화, 그 마음의 현실이 재구하는 세계가 시적 세계라는 것이다. 그럼에도 불구하고 아쉬운 점은, 화자의 마음과 사물의 실존이 함께 하는 자리를 구현했다고 하더라도 화자의 마음은 마음대로, 사물은 사물대로 각기 떨어져서 겉돌고 있다는 사실이다. 그것은 겉으로서의 사물의 형상에 너무 집착하기 때문이다. 눈으로 보여진 형상에 자신의 마음을 하나로 되게 하는 데에 있어 군더더기 없는 이미지 창출에 집착한 결과이다. 깔끔한 이미지 창조는 될 수 있을지 몰라도 보이는 것에 집착한 까닭에 실체는 없고 거죽만 남은 시적 허상만을 양산하는 결과를 초래하고 만다.

사물들이 가지는 역동적 상상력에 참여하는 가운데, 표상으로서의 세계에 들게 되는 시적 상상력, 정신과 신체를 연결하는 묶음 그 자체인 상상력, 신체가 경험한 바가 정신적 상처와 이어져 內在化라는 이른바 표상(representation)으로서 세계가 구축되는데,[15] 이러한 내적 표상으로의 세계가 그의 시작 과정에 있어 난제였다고 할 수 있다. 다양한 시도와 실패 이후에 비교적 성공적인 것으로 평가되는 작품이 1979년 7월『현대문학』지에 게재된「近作三篇」이라는 시이다.

---

15) Mikel Dufrenne, *Phénoménologie de L'expérience Esthétique*, 김채현 역,『미적체험의 현상학』, 이화여대출판부, 1991. 579~592쪽 참조.

1)

보리밭
한 정보가
떠 오른다

하늘은
눈물빛이다.

아무도 본 사람은 없다 그 종다리

–「종다리」

2)

강언덕
진달래
귀 세우다
들
바람
너훌거리다

산꼭대기
구름
눈 껌벅거리다

그리고서 내 손바닥에 떨어지는 새털 하나

–「노래」

3)

하늘 속
깊이 뜬
종다리는
검은 한 점으로
보인다.

그러나
기실 그 검은 한 점은
종다리가 아니다.

하늘 속
깊이 뜬
검은 그 한 점 속에서
타는 불
보이지 않는 그 불이 종다리다.

–「불」

인용시들의 지배적 심상인 종다리를 화자가 만난 것은 1) 아침, 2) 낮, 3) 저녁으로 여겨진다. 아침 햇살 속에 무르익은 아지랑이가 보리밭 한 정보를 떠오르게 한다. 아니면 화자의 눈에 어리는 눈물이 푸른 보리밭 한 정보를 하늘로 떠오르게 했는지도 모른다. 어쨌든 하늘에 떠오른 보리밭 한 정보가 채운 하늘은 눈물빛이다. 이것을 김현은 "아른아른한 투명한 푸름, 혹은 투명하게 하얀 푸름으로, 그것은 더러움이 승화된 빛이며 그런 의미에서 상승의 빛이다"[16]라고 했다. 종다리는 "지상에서 몇 미터만 올라가면 바로 태양빛의 조그만 먼지가 된다."[17] "아무도 본 사람이 없다"라는 점에서 이미 종다리는 불가시적이며, 형태적이거나 회화적 상상력의 관심조차 받지 못하는 대상물이다.[18]

다만 그가 만난 것은 2)에서와 같이 종다리 소리에 귀 세우는 진달래거나, 너훌거리는 들 바람이거나, 눈 껌벅거리는 산꼭대기 구름이었다가, 손바닥에 떨어지는 새털 하나뿐이다.

어두워 가는 저녁 무렵인 3)에서, 종다리는 이제 검은 한 점으로 보인다고 하나, 실제로 그 검은 한 점은 종다리가 아니며, 또한 보이지도 않는다고 한다. 그는 그것을 하늘 속 깊이 뜬 검은 한 점 속에 타는 불이라고 생각한다. 물론 이러한 시적 상상력은 석양의 타는 노을을 배경으로 사라진 종달새의 영상을 불로 변용했다고 할 수도 있다.[19]

위 시 1, 2, 3이 우리에게 다가서는 것은 '보이지 않는데 보고 있는' 시인의 내면적 세계가 예사롭지 않음에 있다. 일상적으로 '보이는 것을 보는 것'이라는 통념을 깨뜨리고 궁극적으로 그가 말하고 있는 것은 무엇일까라는 점이다.

---

16) 김현, 「종다리의 시학」, 『현대시학』, 1980.6. 99쪽.

17) G. 바슐라르, 「상승과 기쁨의 영상」, 『문학사상』, 1976.4. 63쪽.

18) G. Bachelard, *L'Air et les Songes*, 정영란 역, 『공기와 꿈』, 민음사, 1993. 172쪽.

19) 존스(Ernest Jones)는 셸리의 「종달새에게」(To a Skylark)를 다수의 암시적인 이미지 체계로 이루어졌다고 보면서, '볼 수는 없으나 우리는 거기에 있다고 느낀다'라는 불가시성의 종달새는 구름 같은 불의 영상으로서의 영혼으로 해석하고 있다. Ernest Jones, 「The Madonna's conception through the ear」, Antony Easthope, *Poetry and Phantasy*, Cambridge Univ. press, 1989. 129쪽.

작품 1)에서, 자신을 포함해서 아무도 본 사람이 없는데, 종다리가 없는 하늘이 빈 하늘이 아니라 보리밭 한 정보로 떠오르고 하늘이 눈물빛으로 술렁거리고 있음을 보고 있다. 가시적인 세계는 텅 빈 공간이지만 불가시적인 내면 세계에서는 역동적인 상상력으로 꿈틀거리고 있는 것이다. 푸른 보리밭, 눈물빛 하늘이 자신의 내면적 울림 속에 가득하여 가슴 벅차다. 그 속에서 종다리를 보지는 못했지만 종다리가 자신의 존재에 가득함을 느끼는 것이다. 보이지 않는 것을 보는 것은 가슴 벅찬 눈물 너머에 어리는 우주적 기쁨이며 생의 환희이다.

작품 2)에서 그의 손바닥에 새털 하나 떨어지는데, 그 새털 하나로 종다리를 '노래'한다. 이 시에서 그가 만난 종다리는 '새털' 하나이다. 여기에서 '그와 종다리가 어떻게 만나는가'에 대한 의문을 갖게 된다. 이에 대한 해답을 다음의 시를 통해 어느 정도 가늠할 수 있다.

> 문득, 종다리가 울기에
> 머리를 들었더니 희뿌연 공간에
> 울음소리만 몇방울 처지다가 얼어붙고
> 아무데도 종다리는 보이지 않았습니다.
>
> -「早春」 14행~17행

얼어붙은 울음소리 몇 방울로 만나는 종다리이다. 전봉건의 종다리는 소리는 들리지만 보이지 않는 종다리며, 보이더라도 새털 하나이거나 얼어붙은 울음소리 몇 방울 뿐이다. 그러나 얼음의 결정체를 녹이면서 드디어 눈물 너머 가득히 떠오르는 종다리를 1)에서 그는 느끼며, 2)에서는 새털 하나로 종다리 전체를 만나고 있는 것이다. 그리고 자신의 하늘이 보이지는 않지만, 그 종다리의 늘 푸른 영상과 빛으로 가득하다는 인식은 어둠을 걷어낸 삶의 의지로 승화된다. 그러한 인식은 3)에서와 같이 불의 역동적 상상력을 구축하기도 한다.

종다리는 하늘 속 깊이 검은 한 점으로 떠 있다. 그러나 눈으로 보이는 듯한 그것은 종다리가 아니며, 오히려 눈에 보이지 않는 타는 불이 종다리이다. 보이는 것은 검은 점이며, 화자가 진정으로 보는 것이 타는 불이라는 역설적 대립 속에 극명하게 드러내고 있는 것은, 보이지는 않지만 내 마음에 타는 불이 종다리라는 인식에 도달해 있다는 사실이다. 보이지는 않지만 내 마음에 타는 불이라는 시적 상상력을 타고 흐르는 표상으로서의 세계에 종다리가 놓여 있는 것이다. 이를 김현은 "안보이기 때문에 타는 것으로 보이며, 보이지 않는 밝음을 꿈꾸는 상상력, 순수 상상력에 도달하고 있음"[20]으로 밝히고 있다.

종래 그의 시편에 숱하게 산재해 있는 보이는 어둠과 조우한 빛의 영상이라는 대립적 위치에서 모든 사물을 건너다보는 자세에서 나아가, 이제 내가 모든 사물들과 하나가 되어 그들과 함께 존재할 뿐이며, 그런 까닭에 스스로에게 열린 자유의 상상력을 갖게 되는 것이다. 이것을 바슐라르는 '시가 정신의 현상학이라기보다 영혼의 현상학'에 있으며, 이때 상상력의 현상학이란 이미지가 마음, 영혼, 현장에서 파악된 인간 존재의 직접적인 산물로서 의식 속에서 솟아오를 때의 이미지 현상학으로 설명하고 있다.[21]

안 보이지만 보이는 영혼으로서 존재 인식의 끝에 전봉건의 '종다리'가 있는 것이다. 진정한 존재에 다가서기 위해서는 허상으로서의 존재를 지워야 가능하다. 그러한 의미에서 눈을 감는 행위는 늘 보아야 하는 것으로부터 벗어나, 안보이지만 보이는 것을 찾아 나서는 자유로

20) 김현, 앞의 글, 101쪽.
21) 김현, 『행복의 시학 : 바슐라르의 원형론 연구』, 민음사, 1991. 133쪽.

운 시적 여정이 된다.

> 이제부터는 겨울입니다. 이제부터는 눈이 모든 것 위에 내립니다 이제부터는 무섭게 찬 바람입니다 이제부터는 눈이 내려서 모든 것을 죽게 합니다 오 이제부터는 눈이 모든 것을 덮어 버립니다 이제부터는 깊고 깊이 얼어붙은 어둠입니다 이제부터는 눈이 모든 것을 묻어 버립니다 오 이제부터는 눈을 감아야 합니다 이제부터는 눈을 감아야 보이는 것입니다 죽어서 묻힌 모든 것 오오 그 모든 것은 죽음처럼 눈을 감아야 보이는 것이 아닙니까 BACH를 들으며 하얀 눈에 덮여 깊고 깊이 얼어붙은 어둠에 묻힌 내 형님의 얼굴도 꼭꼭 눈을 감아야 보이는 것입니다 이제부터는 눈이 모든 것 위에 내립니다 이제부터는 오오 이제부터는 무섭게 찬 바람입니다 이제부터는 겨울입니다.
>
> ―「겨울 이야기」

그가 어둠 속에서 빛을 보는 행위는 여러 시편에서 이미 보아 왔다. 말하자면 현실의 어둠과 조우한 그가 환상 속에서 그것을 빛으로 변용하는 패턴인데, 이 시에서 그는 환상 속에서가 아니라, 보이지 않지만 너무도 뚜렷이 보인다는 믿음을 지니고 있다는 점이 예사롭지 않다. 눈에 보이는 가시적인 세계는 허상이고, 눈을 감아야 진정한 존재와 조우할 수 있다는 가능성 속에 자신을 던지고 있다. "하루의 어둠이나 / 이틀의 어둠 혹은 / 일년이나 십년의 어둠에도 / 아니 그 백배의 어둠 / 천배의 어둠에도 삭지 않은 피를 잡고 / 오래 꺼지지 않는 불을 보는 일입니다"(「불」)라고 하는 신념의 세계를 보여주고 있는 것이다. 그것은 눈에 보이지 않는 그 존재를 사랑하기 때문이다. 이런 점에서 "본질적으로 아름다움이란 객관적으로 존재하는 것이 아니라, 우리가 대상을 사랑할 때에 우리 내부에서 태어나는 것"[22]이라는 말이 더욱 예사롭지 않게 여겨진다. 이것은 시인이 표상으로서 세계에 뛰어들었다는 것을 의미한다. 전봉건 자신도 "시의 표상 속에 실재하는 시인 자신의 현실성이란 뜻에서 시의 리얼리티가 자리잡는다"[23]고 말한다.

사람은
보지 못한다.

노래하는
새는 죽어서도
땅에 떨어지지
않는다.
그 노래처럼

노래하는
새는 죽어서도
나무가지 끝에
등대고 누웠을
뿐이다.
그 노래처럼

노래하는

22) 곽광수, 『문학, 사랑, 가난』, 민음사, 1978. 39쪽.
23) 전봉건 · 이승훈 대담, 「쓰여지는 일이 없는 시」, 『현대시학』, 1973.8. 96쪽.

새는 죽어서도
바람 속에
떠 있을 뿐이다
그 노래처럼

다만 그 죽음을
사람은
보지 못한다.

－「죽음」

노래하는 새는 죽어서도 모습을 보이지 않고, 다만 땅에 떨어지지 않는 천상의 노래가 되어 바람 속에 떠다닌다. 사람들은 그를 보지 못하지만 그가 거기에 있다는 것을 느낀다. 왜냐하면 그의 노래가 보이지 않는 허공 속에 맴돌기 때문이다. 이때 시는 지상의 온갖 더러움으로 케케묵어 무거운 육신을 털어 낸 우주적 환희이며, 영혼의 순수성을 회복한 종다리와 같은 존재로서의[24] 가벼운 비상이 된다. 그는 그것을 "그리고 / 늙은 나에게는 / 새파란 / 말도 주시고"(「새들에게」)로 형상화한다. 그것은 "푸른 빛깔의 / 한 마리 / 새였다"(「桃花里 紀行」)

나는 보았습니다.
나는 전장을 보았습니다.
나는 전장에서 죽는 죽음을 보았습니다.
전장에서 죽는 죽음은 죽어서도 죽지 못하여 터진 살에서

24) 바슐라르, 『공기와 꿈』, 앞의 책, 177쪽.

불거져 나온 하얀 뼈를 들어 밤새껏 검은 바람을 할퀴는 시체 곁에 쭈그리고 앉았는 것을 보았습니다.

쭈그리고 앉아서 꿈을 꾸는 것을 보았습니다.

나는 그 꿈을 보았습니다.

나는 그 꿈 속을 보았습니다.

꿈 속의 뼈를 보았습니다.

꽃의 목뼈를 물살의 정갱이뼈를 햇살의 손가락 뼈 소나기의 발가락 뼈 바다의 등뼈와 갈비뼈를 또 불의 엉덩이 뼈를 보았습니다.

쭈그리고 앉았는 죽음의 사타구니에 한 점 먼 별빛처럼 젖은 희끄므레한 것을 보았습니다.

-「꿈 속의 뼈」

이 시는 전장과 상처를 단순히 추상화된 꽃의 세계와 같이 공소한 되풀이로 변용하는 것이 아니라, 그들의 뼈를 어루만지는 생생함 속에 그들의 넋을 바로 세우는 길로 접어들었다는 것을 보여준다. 전장에서 죽은 시체의 뼈가 한 점 먼 별빛으로 다가서는 이 시를 거치면서, 그는 그러한 뼈가 돌로 응결된 현장을 찾아 나선다. 그리고 1980년대 그의 시의 핵심이며, 전생애에 걸쳐 추구했던 이미지 세계의 완성을 이루는 「돌」에서 그 뼈는 날개뼈같은 돌이 되어 하늘로 날아오른다. 인간의 죽음이 죽음으로 무화되는 것이 아니라, 역사 체험의 아픈 응어리가 미학적으로 승화되는 생생함으로 와 닿는 것이다. 그 지점에 1980년대 시가 있다.

6.3. 형상으로서의 이미지 해체

1981년 5월부터 발표된 연작시 「돌」은, 1970년대 후반 "시 한 줄을 쓰지 못하고 그것을 자꾸만 뭉개 버리던 그의 강박감이 전봉건 시의 원형질과 같은 삶과 죽음의 초극이라는 원점에서 존재의 원초적 한계를 초월하려는 시인의 의지"[25]로 승화된 작품이다. 「돌」은 "꿈의 말, 아픔의 말"이며, 그에게 있어서는 "이 세상에 좀체로 녹슬지 않는 피, 썩지 않는 살, 사랑 앞에는 굽히되 그것 아닌 것 앞에는 결코 굽힐 줄 모르는 넋에 생명을 가장 분명하게 혹은 선열하게 세우는"[26] 일을 총체화하는 작업이 된다. 그는 자신의 이 작업을 "말이 없는 '말없음'을 '말없음'에 묻히지 않기 위해서 돌의 변신이 필요하다"[27]라고 표현하고 있다. '말이 없는 말없음'은 죽은 사람들의 말 못하는 恨이며, 그러한 아픔이 응결된 결정체가 바로 '돌'이다. 고통과 아픔을 함께 하겠다는 시적 의지 속에 그의 '시의 말'은 상처의 치유와 거듭나기를 꾀하는 존재론적 몸부림으로서 그 의미를 더한다.

거기 은은히 점 밝혀 배어나는 분홍빛도
단번에 길게 내리지른 칼자국 ,
평화나 아름다움 또 혹은 사랑
그런 것에로 향하는 간절한 그리움은
저리도 깊은 아픔 없이는 지니는 것이

---

25) 최동호, 「실존하는 삶의 역사성」, 앞의 책, 135~138쪽 참조. 여기서 논자는 이러한 과거의 고통과 현재를 관류하는 개인의 체험이 민족의 체험과 일치하여 역사성을 띤다는 점에서 실존하는 삶의 역사성으로 읽고 있다.
26) 전봉건, 「꿈의 말, 아픔의 말」, 시집 『피리』 서문, 문학예술사, 1979.12.
27) 전봉건, 「단상」, 『전봉건 시선』, 탐구당, 1985. 243쪽.

아니었나 보다.

―「돌. 27」 부분

살아 있는 자는 살아 있는 자로서의 아픔이 있어 "33년의 / 한숨으로 닦이고 / 눈물에 닦이어서 / 이제는 깊은 밤 어둠 속에 / 별처럼 젖어서 떠도는 / 돌입니다"(「돌. 25」)가 되고, 죽은 자는 죽은 자로서의 한이 응결되어 "할아버지시여 / 죽어서 꼿꼿이 서신 / 돌이시여"(「돌. 23」)가 된다.

연작시 「돌」에 나타난 '돌'은 어떤 모습이며, 스스로의 내면을 어떠한 형상으로 열고 있는가.

그의 '돌'은 거의 한결같이 먹장 어둠을 뒤집어 쓴 모습들이다. "강물에 담갔더니 검은 어둠이 우러나오는 돌"(「돌. 3」), "여울목에서 건져낸 작은 먹돌'(「돌. 5」), '밤새 내리는 빗물 머금어 자욱한 어둠보다 더 짙은 검정빛 돌"(「돌. 7」), "가장 깊은 아픔보다 깊은, 가장 짙은 어둠보다도 짙은 속저리게 눈부신 먹돌의 먹빛"(「돌. 8」), "어둠보다 짙은 검정빛 돌 하나"(「돌. 9」), "어둠의 먹빛 돌"(「돌. 48, 49, 51」)이다.

그는 돌에서 "단번에 길게 내리지른 칼자국, 깊은 아픔"(「돌. 27」)을 보며, "엄지 손가락만큼 뚫린 구멍이 난 돌"(「돌. 9」)과 "핏방울 맺혀 있는 돌"(「돌. 20」), "윈몸으로 검정 피를 흘리는 검정 돌"(「돌. 29」)의 고통과 함께 하고 있다.

이는 마치 초기시에서 보여 준 어둠에의 인식으로 되돌아 간 원형으로의 회귀라는 느낌을 준다. 아픔과 상처, 어둠 그 자체가 되어 버린 존재 인식은 초기시에서 보여 주었던 시적 단초이기도 하다.

그러나 후기시인 「돌」연작에 나타난 어둠에 대한 응전으로서 시적 사유가 초기시의 경우와 큰 차이가 있다는 것을 중시해야 한다. 초기시에 있어서 어둠의 인식과 더불어 도식적으로 나오던 대립적 이미지로서의 빛의 영상이 아니라, 오히려 어둠과 같은 '돌'이 물에 씻겨져 더 짙은 어둠을 만나고, 역설적으로 더 짙은 어둠을 만든 그 물이 어둠을 씻어내어 온전한 형상을 찾는 시적 사유에 그의 후기시가 있다.

> 한 돌꾼이 캔 것은 상당한 크기의 먹돌이었다.
> 강물에 담갔더니 검은 어둠이 우러나왔다.
> 오래 묵은 어둠은 다시 우러나오고 다시 우러나오고
> 다시 우러나왔다.
> 한여름 휘황한 날빛 아래
> 질푸른 강물을 깜깜하게 물들이었다.
> 이윽고 속깊이 검은 먹돌
> 땅 속에 묻히었던 면에는
> 목탁 든 검정 장삼 한 스님이
> 오래 삭은 양각으로 떠올랐다.
>
> -「돌. 3」 부분

전봉건의 '돌'은 "밤새 내리는 빗물 머금어 / 자욱한 어둠보다 더 짙은 검정빛"(「돌. 7」)이 되는, 이른바 물 먹어서 더욱 짙은 어둠과 맞닥뜨리는 '水石'이다. '돌' 자체가 갖고 있는 고착되고 밀폐된 어둠의 세계, 존재의 어두운 심연과도 같은 실존적 침하(沈下)의 세계, 그것이 '돌'의 존재 양상이다. 이를테면 어둠 속에서 어둠으로 무화되는 존재하는 것이다. 그 어둠을 어둠이 흔들어 깨운다. 어둠을 벗어나는 길은 어둠을 통하지 않고서는 안 된다는 역설 속에, 더욱 자신의 어둠을 응시하는 실존적 의지에 그의 '돌'이 있다. 어둠의 세계에서 자신의 존재를 여는 실존적 몸부림은 스스로의 존재를 여는 길이며, 또한 침묵을 열고 현신하는 말씀으로서의 진리가 되기도 한다.

> 그러니까 말하자면 어둠에서 어둠으로
> 건너가서 어둠을 잇고 다시 어둠에서 어둠으로
> 건너가서 어둠을 잇는 되풀이 이것이
> 요즈음 늘그막의 내가 즐기는 <놀이>입니다.
>
> -「돌. 37」 부분

위에서 말하는 <놀이>는 어둠에서 어둠을 응시하는 실존적 놀이이다. 이 때, 어둠을 더욱 어둠이게 하는 것이 '물'이다. '물'은 '어둠'을 더욱 '어둠'이게 하지만, 그러한 절망과의 처절한 맞닥뜨림을 통하여 '어둠'의 고통과 아픔을 씻어내는 정화로서의 의미는 물론, 어둠으로 인해 잊혀진 '돌'의 형상을 되찾게 하는 매개체가 된다. 말하자면 검은 돌이거나 하얀 돌이거나 침묵의 돌에 '물'이 깃들면 비로소 달과 해로 떠오르거나, 나는 새거나, 울창한 산, 물 많은 호수, 가없는 평원으로 나에게 건네는 '말씀'이 되는 것이다.

> 물 먹은 풀이 풀이 아니라
> 푸른빛의 노래이듯이
> 물먹은 별이 별이 아니라
> 하늘 끝의 노래이듯이
> 물먹은 돌은 돌이 아니다.
> 가장 영롱한 침묵이거나 혹은 가장 임리한 말씀
> 그런 것이다.
>
> -「돌. 10」 부분

오세영은 이를 두고 "물이 액체이면서 항상 흐르면서 스스로 소리내는(말씀하는) 존재임에 비하여, 돌은 고체이며 항상 정지, 고착되어 있고 침묵하는 존재이다. 이러한 역설적 관계는 돌이 물 속에 잠겨 있을 때 비로소 해소되고 또한 해소될 뿐 아니라 보다 차원 높은 존재론적 의미로 초월 된다."[28]라고 하였다.

어둠의 응결체인 '돌'은 '물'에 씻기어 자신의 절망과 조우하게 되고, 알몸으로 살다가 알몸으로 죽는 '물'의 삶과 섞이어 '허무'의 깊은 나락에서 '비워 있음의 세계'가 갖는 삶의 진리와 하나가 되어 뒹구는 '돌'이 되는 것이다. 화자는 그것을 응시하고 그것이 곧 자신의 시의 말씀이 되기를 간구한다. <'돌'의 어둠-더 어둡게 만드는 '물' // 절망과 허무의 '돌'-비어있음의 세계로 정화시키는 '물'>의 세계에서 '물'과 '돌'은 일체화되어 '돌'은 단순히 완상하는 대상으로서의 '壽石'이 아니라, 문자 그대로 '水石'이 되는 것이다.

문제의 초점은, '물에 씻긴 돌'이 형상으로서 스스로의 모습마저 해체하고 있다는 것이다. 그것은 '돌'이 '돌'이 아니라, 보이지 않지만 보이고, 보고 있지만 보이지 않는 '혼'이기 때문이다.

이월 하순
산간을 흐르는
강나루에서
배를 기다리다가
나는 문득 거기가
1951년 봄 어느날

28) 오세영, 『한국현대시의 행방』, 종로서적, 1988. 33쪽.

도강 작전에서 전우 K가 죽은
바로 그 자리인 것을 되살려냈다.
해 질 무렵에야
돌아온 배에 오르려다가
나는 봄눈 녹는
나루터 찬물 속에서
삭은 뼈처럼 하얀
돌 하나를 건져냈다.
날개 뼈같은 그런 모양이었다.
벌써
어둡기 시작하는
여울 쪽에 이름 모를
새 한 마리가
날고 있었다.

-「돌. 1」

1951년 봄에 전우 K는 죽었다. 30년이 지난-「돌. 1」은 1981년 5월 발표-그 죽음의 자리에서 삭은 뼈처럼 하얀 돌 하나를 건져냈는데, 그 돌은 날개뼈와 같다. 문득 어둠의 저편에 새 한 마리가 날고 있다.

위의 시를 단순한 기억 체계로 바꾸면 '강나루에서 배를 기다리던 그 자리에서 전우 K가 1951년 봄 어느 날 죽었다.'이다. 문제는 이것이 단순한 기억의 체계가 아니라, '기억착오'와 유사한 형태로 있다는 데에 있다. 실제로 그 자리에서 전우 K가 죽었다고 하더라도, 그 증거인 것처럼 내미는 '삭은 뼈처럼 하얀, 날개뼈 같은 돌'이라는 실재의 대상이 그가 과거에 실제로 보았던 전우 K의 날개뼈가 아니라, 과거 모습의 유사물로 기능하는 기억착오(paramnésie)의 구조[29]를 띠고 있다는 것이다. 이러한 기억착오의 구조 속에 있는 이 '돌'은 단순히 감상하고 느끼는 심미적 대상과는 다르다. 말하자면 이 '돌'은 전혀 본적이 없는 것을 (K의 날개뼈) 이미 본 적이 있는 것처럼 느끼는 이미지로서의 기능을 하는 것이다. 이미지로서 날개뼈 같은 '돌'이 있는 가까운 자리에, 벌써 어둡기 시작하는 여울 쪽에 새 한 마리가 날고 있다. 이른바 전우의 주검이 표상화된 "날개뼈 같은 돌"이 있는 저편에 "날개짓 하는 새 한 마리"는 이미 현실의 새 한 마리가 아니라, 이미지 속에 건너다보는 새 한 마리인 것이다. 즉 그는 "날개뼈 같은 돌"을 주워들고 이승과 가까운 건너편에서 살아서 날고 있는 새를 건너다보고 있는 것이다.

"돌은 무겁다. 그것은 실재의 세계이다. 그러나 '무거운 것은 가벼운 것이다'라는 모순의 원리 속에 돌은 깃털이라는 다른 단계로 옮아가고 양자의 충돌 속에 새로운 이미지가 산출되는 것이다."[30] 1960년대 시에서 전봉건이 추구했던 비논리의 논리라는 역설과 변증법적 체계 속에 통합되는 원환의 세계라는 것도 이와 같은 이미지의 원리와 다른 것이 아니다.

이미지의 세계에서 가능한 이러한 사유는 30년 전에 죽은 전우가 끊어진 <저편>으로서의 저승에 단절되어 있는 것이 아니라, <이편>으로서의 이승에 함께 있다 라는 데서 비롯된다. 말하자면 30년 전에 죽은 전우는 죽은 것이 아니라, '날개뼈 같은 돌'로 살아 있는 것이며,

---

29) '기억착오'란 일반적으로 전혀 본 적이 없는 것을 이미 본 것처럼 느끼는 심리현상으로 이미 본 것에 대한 환상을 뜻한다. 싸르트르는 이것을 단순히 감상하고 느끼는 심미적 태도로서의 실재의 '사물'과는 구분하여 설명하고 있다. J. P. Sartre, *L'imaginaire*, 이규현 역, 「상상하는 의식과 예술」, 장경렬 외 역, 『상상력이란 무엇인가』, 살림, 1997. 181쪽.

30) 옥타비오 파스, 앞의 책. 129~149쪽, '이미지' 장 참조.

더욱이 이미지 속에서 새가 되어 날고 있는 것이다. 엄밀하게 말해서 죽음은 이승으로부터 저승으로 드는 것이다. 그러나 육체가 죽었다고 해서 죽은 것이 아니라, 그 영혼이 이승에 남아 있다고 하면, 이때 이승과 저승의 경계는 무화되는 것이다. '이승과 저승은 단절되어 있지 않다. 또한 이어져 있으나 함께 하여 하나이지는 않다. 하늘, 바다, 산, 땅 밑은 이승이되 저승이고 저승이되 이승이다.'[31] 여기서 '이어져 있으나 함께 하여 하나이지는 않는다'라는 말은 저승이 별다른 세계가 아니나, 제장(祭場)으로서의 이질적 공간이라는 것을 뜻한다.

전봉건 시의 '돌'은 '넋돌'이다. 넋이 깃들거나 새겨진 돌인데, 그 돌들이 죽은 것이 아니라 이승에서 살아서 날아다닌다는 점에서 그 '넋돌'은 죽은 돌이 아니라, 이미지 속에 살아 있는 돌이라는 생명력으로 거듭나고 있는 것이다.

1)

밤새 비는 내리고
나는 잠을 이루지 못한다.
…(중략)…
자욱한 어둠보다 더 짙은 검정빛
한 마리 작은 새가 되는 돌 탓이다.

–「돌. 7」 부분

2)

내가 얻은 베게 모양의 한 아름 크기 무늬돌에는

31) 정진홍, 『한국종교문화의 전개』, 집문당, 1986. 96쪽.

하늘 가득히 날개 펴고 나는 큰 새 한 마리가
일곱 가지 색깔로 떠 있었다.
부리부리한 그 눈의 푸른 빛은
쏟아질 것처럼 영롱하였다.

–「돌. 17」 부분

3)
筏橋에서
칼 꺾어진
全羅道의 동학군은
돌멩이로 맞서 싸웠다.
…(중략)…

봄이 오는 3월 1일은 하얀 옷 입은 조선의 청년이 큰길에서 말 탄 일본군의 칼 맞아 쓰러져 하얀 옷 시뻘건 피로 물들이며 숨지며 떨리는 손아귀에 돌멩이 하나 거머쥔 그날이다.
…(중략)…

홀연 渼沙里 돌밭의 수없이 많은 돌들이 공중으로 날아 오르는 것이 아닌가. 수 없이 많은 새가 되어 일제히 날개쳐 날아오르는 것이 아니던가. 渼沙里 돌밭을 덮고 渼沙里 돌밭의 하늘도 덮은 수없이 많은 새들의 날개치는 소리, 아아 그 소리는 내가 이 세상에 살아서 듣는 것 가운데서 가장 크고 높은 또한 아름다운 만세소리였다.

–「돌. 18 · 19」 부분

전봉건의 '돌'은 죽은 돌이 아니라 1)에서와 같이 검정빛 한 마리 작은 새이며, 그것은 2)와 같이 부리부리한 푸른빛의 눈을 가졌으며, 3)과 같이 수없이 많은 새가 되어 날아오르는 역동적인 생명력을 띠고 있는 것이다. 특히 3)에서와 같이 새가 된 '돌'은 지난 갑오농민항쟁에서, 그리고 1919년 3월 1일 조선의 청년과 처녀와 아이들이 분노 속에 일본군에게 던지던 돌멩이들이다. 그 돌멩이가 이제는 날아오르는 환희가 되고 아름다운 만세 소리가 되어 다시 살아난 것이다. 이런 의미에서 '돌'은 실존하는 역사성이며, 동시에 영원히 살아 있는 현존으로서의 생명력을 얻기도 하는 것이다. 심지어 설령 '돌'이 죽는다고 하더라도 다음과 같이 비상을 꿈꾸는 존재로 형상화되기도 한다.

죽은 돌은
오래 삭은
스스로의 몸을 풀어
모래톱의 모래로 돌아 갈 뿐
무덤을 짓지 않는다.
그리하여 다만
모래 한줌 더 보태진 그 모래톱
가장 밝고 맑은 마른 자리에는
새 발자국이 찍힌다.
곧장 하늘에서 내려왔다가
곧장 하늘로 날아오른 발자국이 찍힌다.

-「돌. 45」

돌은 죽어서도 무덤을 짓지 않고 본래성으로서의 질료인 모래로 돌아간다. 그러나 모래라고 해서 돌의 삶의 끝난 것이 아니라 새 발자국이 찍히면서 비상을 꿈꾸는 존재가 된다는 것이다. 이는 마치 삶과 죽음이라는 일차적 선상이 무화된 신화 속의 꿈꾸기처럼, 영원한 聖所에 본래적 삶을 깃들게 하며 동시에 거듭나기를 꿈꾸는 성스러움에 드는 것이다. 그래서 "쑥대강이처럼 흩어져 피 흘리는 머리마다 떨어져 묻힌 죽음의 형장이었던 마지막고개"에서 죽은 이가 "목탁 든 검정 장삼한 스님이 오래 삭은 양각"으로 거듭나고 있으며(「돌. 3」), 현재 남근석을 캐내어 전화를 건 이씨가 6.25때 남근을 관통 당해 잃어버린 자의 남근을 거머쥐고 웃어 제치기도 한다(「돌. 11」).

이처럼 전봉건의 '돌'은 죽어도 죽은 '돌'이 아니다. 그것은 영원한 현재로서의 실존성을 머금고 응축된 순환적 시간으로서의 상징이 된다. 과거와 현재와 미래가 응축된 시간의 공간화 속에 수렴된 응결체인 것이다. '우선 과거는(전우 K의 죽음) 기억에 의해 -이때 전봉건의 기억은 환상 속에 기능하는 기억착오의 형태로-현재로 압축된다(날개뼈 같은 돌). 그리고 아직 실현되지 않은 미래는 우리가 바라보는 모든 것이 축복으로 가득 차 있다는 행복한 신념에 의해 (날아오르는 상승으로서의 새의 영상) 현재로 응축된다.[32]

다음 시와 같이 아홉 개의 구멍이 난 뼈가 아홉 개의 구멍이 난 돌이 되고, 30년전 그제 한 이등병이 피흘린 강원도 깊은 산골짜기에서 들은 피리소리가 어제 충청북도 후미진 돌밭을 적시는 강물에 떠도는 피리 소리로, 그리고 오늘 내가 부는 피리 소리와 하나가 되어 현존한다.

---

32) 기본적인 도식은 이정호, 『영시 새로 읽기』, 서울대출판부, 1998. 156쪽을 참조했음.

대나무로 만든
피리의 구멍은 전부 아홉 개다.
사람의 몸에도 아니 뼈에도
아홉 개의 구멍은 날 수가 있다.
아홉 개의 구멍이 난 돌도 있다.
그제는 30년 전 한 이등병이 피흘린
강원도 깊은 산골짜기에 떠도는 피리소리를 들었고
어제는 충청북도 후미진 돌밭을 적시는
강물 속에 떠도는 피리소리를 들었다.
오늘 내가 부는 대나무 피리 소리는
그제의 피리 소리와 어제의 피리 소리가
하나로 섞인 소리로 떠돈다.

–「돌. 31」

일상적으로 線的 개념의 시간은 매 순간을 단절시키는 기호적 요소이다. 인간 역시 이성적 객관화의 시간 속에 자신을 내맡기면 파편화된 자아의 부스러기만을 안고 사는 존재가 된다. 이러한 관점을 뒤집어서 가령 오히려 변하는 것은 인간이며, 불변하는 것은 시간이라고 하자. 이때 시간은 원환적 개념이 되며 이 사이클에 인간이 들면 매 순간이 지금과 똑같이 이어져 왔다는 인식에 도달하게 될 것이다. 말하자면 영원성 자체로 채워진 현재에 그는 들게 되고, 비로소 자신이 변했다는 것은 거짓이며, 자신은 늘 그 자리에 있어 왔고, 앞으로도 그럴 것이라는 태도를 가질 것이다. 이 시의 화자는 유별나게도 원환적 시간 속에 들고 있다. 세계의 모든 것은 변한 것이 없으며, 자신도 마찬가지라는 시간의식 속에 이승과 저승, 삶과 죽음의 구분은 이미 어떠한 의미도 주지 못한다. 따라서 30년전에 죽은 전우는 오늘 날개뼈로 있고, 그래서 구태여 죽음에 직면한 삶이라는 인식이 끼어들 자리조차 없는 것이다. 삶 속에서 죽음을 보며, 죽음에서 삶을 건너다보는 것이다.[33)]

나는
돌과
하나로
섞일 수가
있다.

내가
죽어
다 삭은
뼈에 구멍
뚫리고
그 구멍이
피리소리와도 같은
그런 소리를
낼 수만

---

33) 최동호는 전봉건 시의 도처에서 발견되는 새들이 근본적으로 죽음으로부터의 소생을 뜻하며, 또한 삶으로부터 죽음을 향해 날아가는 존재로 읽고 있다. 그는 이것을 삶과 죽음을 초극하려는 전봉건 시의 원점으로 해석하고 있다. 최동호, 「실존하는 삶의 역사성」, 앞의 책, 137쪽. 그러한 의미에서 '돌'은 전봉건 시의 원형으로의 회귀와도 같다고 본다. 왜냐하면 초기시를 관류하던 전장의 죽음이 과거에 끝난 것이 아니라, 현재 속에 '돌'로 형상화되고, 미래를 향한 새로 변용되는 실존적 자리에 그가 있기 때문이다.

있다면

그리고
저 모래밭에 묻힌
구멍 뚫린 돌이
뚫린 구멍으로
피리소리와도 같은
그런 소리를 내어
모래 밭을
촉촉히
적실 수가
있다면

-「돌. 32」 부분

'돌'은 이제 '돌'이 아니라 "피리 소리"이다. 나의 형상은 더 이상 내가 아니라 '돌'이며, 그 '돌'은 '돌'이 아니라, 피리 소리로 모래밭을 촉촉히 적신다. 이 점에 대해 윤재근은 『莊子』, 「齊物論 1」에 기술된 南郭의 子綦가 하는 다음의 말을 인용하여 "시비의 부자유를 벗어나려는 시도를 암시해준다. 시와 비로 얽힌 삶을 모조리 용서할 수 있는 경지를 필요로 한다. 의미를 주어서 삶을 긴장하게 하여 인간의 의식을 자극하려는 맺힌 시의 말씀으로는 불가능한 경지임을 전선생은 암시하고 있음이 아닌가 짐작된다"[34]라고 하고 있다.

34) 윤재근, 「황홀한 체험」, 전봉건 시집 『돌』 후기, 122쪽.

> 지금 나는 나를 잃어버리고 있네. 자네는 그 점을 알 수 있겠는가. 자네는 사람의 피리 소리는 들어도 땅의 피리 소리는 아직 듣지 못했지. 자네가 땅의 피리 소리를 듣는다 한들 아직 하늘의 피리 소리는 듣지 못했겠지

물론 남곽자기가 두고 있는 궁극적인 뜻은 천하의 경계가 없고, 주체와 객체의 구분이 없는 '逍遙遊'의 경지이다. 또한 인간의 말(言)이란 규정지을 수 없는 도의 절대성을 설명할 수 없을 뿐 아니라 섣부른 구별과 경계만을 짓는 것이라는 인식이다.

위의 인용문을 말의 시와 비로 국한시키지 말고, "형체는 볼 수 없으나, 그 작용은 믿을 수 있다. 외부의 형체 없이 내부의 현실성이 있는 것 같다."(『莊子』, 「齊物論」)라는 쪽으로 바꾸어 생각했으면 한다. 말하자면 내가 나를 잃어버리더라도, 내가 거기에 있다고 믿으면 그 자체가 '여기의 나'와 '저기의 나'라는 경계를 무너뜨리는 것이 될 것이라는 점이다. 이렇게 되면 삶과 죽음의 경계도 없게 된다. "생명은 죽음에서 일어나고, 또 죽음은 생명에서 생긴다."(『莊子』, 「齊物論」) 그리고 땅 위의 만물이 우묵 들어간 곳이거나 틈바구니에서 소리를 내지만 그러한 소리가 감정과 의미를 전달하려는 것이 아니라, 스스로 흔들리고 떠는 몸짓으로 존재할 뿐이다. 하늘의 피리 소리가 무엇인지는 모르지만 마찬가지로 거기 있다고 믿으면 있을 뿐이다.[35]

전봉건에게 있어 형상으로서 '돌'의 해체는 눈에 보이는 것만이 존

---

35) 이러한 사유는 그가 이미지의 시인이라는 점을 극명하게 드러내는 것이다. "시는 본질적으로 '-이다'를 말하는 것이 아니라, '-가 될 수 있다'를 말한다. 시의 왕국은 존재의 왕국이 아니라, 아리스토텔레스적인 '불가능한 그럴듯함'의 왕국"(옥타비오 파스, 앞의 책, 188쪽)인 것이다. 이미지의 세계를 단초로 하여 이루어지는 시의 세계는 없어도 있는 것이며, 있다고 하지만 없는 미분화된 세계를 향한 상상력 그 자체이다.

재하는 것이라는 일체의 경계로부터의 해체이다. 눈에 보이지 않지만 '존재하는 미지의 거기'에 있다는 믿음만으로도 넉넉한 세계이며, 더욱이 '거기'에 깃드는 것은 곧 '존재하는 미지의 거기'에 충일하는 것이 된다.

물먹은 눈은 곱다.
물먹은 살은 곱다

낮이건 밤이건 여울에 가보라

햇빛과 하나 되는 것은
달빛과 하나 되는 것은
알몸으로 태어나서
알몸으로 살다가
알몸으로 죽는
물
오직 그것 뿐이다.

물먹은 혼은 곱다
물먹은 돌은 곱다

-「돌. 28」

알몸으로 태어나서 알몸으로 살다가 죽는 물의 세계. 그 세계에 잠시 햇빛이 와서 살거나 달빛이 와서 살거나 하는 그것 뿐, 형상의 변화라는 것은 이미 의미가 없다. 본디부터 형상이 없고 空한 까닭에 삶과 죽음의 경계라는 것도 이미 존재하지 않는다. 그의 시혼이 아름다운 것은 여기에 있다. 억지로 자신의 허욕으로 세계의 모습을 규정짓거나 바라보거나 하는 일 없이, 비어 있는 자신의 자리에 세계의 모습들이 깃들거나, 보여지거나, 혹은 빈 상태로 있거나 하는 것이다. 그 곳이 그의 시혼을 허정 속에[36] 아름답게 하는 자리이다.

6.4. 월남시인의 실향의식과 분단의식

여러 시편과 자신의 술회를 통해 알 수 있는 전봉건 삶의 이력은 다음과 같다.

그의 고향은 "平安南道 安州郡 東面 鳴鶴里"(「성묘」)이며, "그의 나이 열아홉살, 1946년 늦여름의 어느날 새벽"(「나의 바다」), "고향의 청천강 흐린 새벽 어두운 갈대 숲을 헤쳐 희뜩희뜩 남으로 숨어가는 사람들과 함께 작은 목선에 몸을 실어 인천에 당도했고"(「국어 사전」, 「가서 보고 섞고 죽어 그리고 다시 태어나리」), "어머님이 죽고, 큰 형님[37]이 죽어 한강물에 재를 뿌리고", "자신에게 문학에의 길로 들어가게끔 이끌어 준 바로 윗형인 全鳳來의"(「나의 문학, 나의 시작법」) "재를 부

36) 허정의 세계는 만물을 담아내는 원천이다. 『莊子』, 「天道」, "水靜猶明, 而況精神, 聖人之心靜乎! 天地之玄鑒, 萬物之鏡也"(물도 고요하면 오히려 맑거늘, 하물며 정신, 성인의 마음의 고요함이야 말할 필요가 있겠는가? 천지의 거울이요, 만물의 거울이다.)

37) 큰 형님이 죽었다는 것에 대해 전봉건은 「우리 집안 형제들」이라는 글에서 "큰 형님이 죽었다는 확증은 없다, 그러나 소위 우익반동분자로 낙인 찍힌 지 오래였던 큰 형님이 저들에게 끌려가고, 패퇴하는 저들이 큰 형님을 그냥 두지 않았을 것"이어서 죽었을 것이라고 보고 있다. 『전봉건 산문집』, 앞의 책, 216~218쪽 참조.

산 바닷물에 뿌렸고"[38](「꿈길」), "얼마 뒤 아버님을 京畿道 楊州郡 榛接面 長峴里"(「성묘」)에 묻는다.

이러한 제반 사실이 그의 시세계에 오롯이 들어앉은 것에 비추어 볼 때, 월남 시인으로서 고향 상실 의식과 더불어 부모 형제와의 별리 의식 역시 그의 삶에 크나큰 상실감과 외로움으로 다가왔으리라는 점을 어렵지 않게 유추할 수 있다. 따라서 그의 시는 월남 시인으로서의 思鄕 의식 못지 않게, 부모 형제와의 別離 의식이 함께 하여 나타나고 있다. 그리하여 꿈속에서 그리는 고향에는 이미 앞서 죽은 부모 형제들이 현신하여 살고 있고, 나만 혼자 그 곳에 가지 못하고 외롭게 남아 있는데, 역설적으로 "만일에 내가 죽는다면 / 나는 꿈조차도 꿀 수가 없습니다 / 나는 꿈길에서조차도 고향집을 찾아 갈 수가 없습니다. / 나는 죽을 수가 없습니다"(「꿈길」)의 되풀이 속에 고통스러워한다.

> 철마다
> 한 송이
> 꽃을
> 볼 때면
> 나는 늘
> 살점 하나를 생각합니다.
> 고향집 뒷산 자락에 모신 채
> 삼십여 년을 뵙지 못하는
> 할아버님과 할머님이

---

38) 27세의 나이로 '스타' 다방에서 다량의 수면제인 페노발비탈을 먹고 자살한 전봉건의 형. 이에 대해서는 『전봉건 산문집』, 앞의 책, 109~119쪽 참조. 그리고 김병익, 『한국문단사』, 일지사, 1973. 207쪽 참조.

철마다 무덤 가르고 나오시어
번갈아 장도칼로 도려 내시어
바람결에 띄우시는
당신의 가슴살 한 점.
그 살점
하나가
뿜어 내는
핏보래로
보이는 것입니다.

-「꽃」

이 시에서 화자가 바라보는 꽃은 단순한 꽃이 아니라, 할아버지 할머니의 가슴살 한 점이다. 자식들을 남쪽으로 내려보내고 피멍이 들었을 가슴살이다. 또한 핏보라로 가득한 온 천지에 , 화자의 가슴살에 저미는 그리움이기도 하다. 그들은 모두 이승의 현실이 아닌 저승 저편에 있다.

열 시　　흐릿하다
열 한 시　가물가물 보인다
열 두 시　하루가 다하고
　　　　하루가 시작되는 어둠은
　　　　더욱 짙은 어둠이다
　　　　그러나 그 때에 성큼 한 발자국
　　　　내게로 다가서는 너를 본다
한 시　　마침내 너는 어둠을 밀어 낸다

산이여 강이여 하늘이여
두 시　　밭이여 언덕이여 샘이여
쾌나무여 대문이여 안뜰이여
큰 부엌의 큰 솥이여 작은 솥이여
마른 나무 활활 불타는 눈부신 아궁이여
세 시　　할아버님 할머님
아버님 어머님이시여
네 시　　(네 번 치는 괘종 소리)
다섯 시　　머리 위에 떠오르는 희끄무레한 창
여섯 시　　다시 네가 없는 밝음이다.

―「여섯시」

위 시는 밤 12시부터 새벽 4시까지, 화자가 그리는 고향과 조부모님과 부모님이 시상의 중심을 이루고 있다. 밤 12시부터 새벽 4시라는 시간은 영혼이 지상에서 떠도는 시간이라는 일반적인 俗信을 시적 모티브로 삼고 있다. "밤 10시 흐릿하고, 밤 11시 가물가물 보인다"라는 몽상 속에서 화자는 어둠에 들고, 밤 12시 더 짙은 어둠으로 들어가 내게로 다가서는 너를 본다. 모든 형상을 지워버린 부재의 공간에 고향의 산과 강과 하늘과 그밖에 많은 것은 물론 조부모님과 부모님들로 가득 채운다. 이제 밤은 허허로움이 아닌 내밀한 공간이 되며, 마른나무 활활 타는 눈부신 아궁이에서 서로의 따스함을 나누는 정겨운 공간이 된다. 그러나 새벽 4시에 괘종 소리가 치고, 날이 밝아오면서 화자에게 따스함을 펼쳐 보여주었던 너는 없다.

위 시의 근간은 환영(illusion)이다. "환영이 말해주는 것은 바로 모든 것이 사라졌을 때 아직 무언가가 있다는 사실이다. 모든 것이 결핍 상태에 있을 때, 결핍은 존재의 본질을 드러나게 한다. 존재의 본질, 그것은 존재가 결핍된 곳에 아직도 남아 존재하는 것이다. 숨겨짐으로써 존재하는 것이다."[39] 화자의 상실감을 채워 주던 모든 것이 사라졌다고 해서 영원히 부재하는 것은 아니다. 오히려 결핍의 마음이 크면 클수록 환영 속에 그리는 숨겨져 있는 그 무엇은 더욱 뚜렷이 자신의 마음속에 각인되는 것이다.

그것들은 화자의 "명치 끝에 스며들어 꽁꽁 언 채 살고 있으며"(「눈」) 한식날이면 "정갱이가 찢기고 손바닥이 찢기고 눈알도 찢기는 바람소리로"(「30년」) 허허롭게 늘 나의 마음에 살아 있다. 따라서 나의 삶 역시 "바람 부는 땅 바닥에서 한치 쯤 떠서/ 갈기갈기 날리는"(「한치쯤 떠서」) 것이다.

그가 할 수 있는 것은 "한식날이거나 추석날에 북쪽으로 난 창문을 어두운 새벽에 열었다가 어두운 밤중에야 닫는 일"(「창문」)이며, "30년을 더 넘게 눈물에 씻겨 푸르디 푸른 고향 하늘에 비낀 구름 한 자락을 멍들도록 보는 일"(「눈동자」)이며, "꿈에 발자국이 임진강을 넘어 건너가거나"(「발자국」), 기껏 "못건너는 강 건너 북쪽 땅 산자락을 시퍼렇게 살갗 튼 발뒤꿈치나 보고 앉아있는"(「강에서」) 것이다.

사실 시집 『북의 고향』(1982) 전편에 걸쳐 나타나고 있는 것은 '머리에'에서 자신이 밝히고 있듯이 넋두리이다. 아울러 그는 "자신의 넋두리가 많은 사람들이 공감할 수 있도록 힘 없는 힘을 다해 볼 뿐"이라고 말하고 있다. 한편으로는 「한강처럼 대동강처럼」이라는 시를 통해 이산가족 찾기의 아픔을 그려보기도 하지만, 아무리 보아도 자신의 넋두리와 같은 시라는 인상을 지울 수 없다.

---

39) Maurice Blanchot, *L'espace littéraire*, 박혜영 역, 『문학의 공간』, 책세상, 1990. 348쪽.

그럼에도 불구하고 그 넋두리가 추상화된 사향 의식이 아니라는 점이다. 월남 시인이며 동시에 많은 이들을 떠나 보낸 만년의 한 인간으로서 겪는 고통이 절절함으로 점철되고 있다. 절절함의 극치에 있는 작품이 「가서 보고 섞고 죽어 그리고 다시 태어나리」이다.

오오
고향땅
굽이굽이 강물에 섞겠습니다.
폭포에 시냇물에
아무리 작디 작은 시냇물에도
내 살을 풀어서 섞겠습니다.

큰 산의
큰 나무뿌리
작은 산의
작은 나무뿌리에 섞겠습니다.
아무리 작디 작은 나무 뿌리에도
내 피를 풀어서 섞겠습니다.

논에
내리는 햇살
밭에 내리는
햇살에도 섞겠습니다.
아무리 작디 작은 한뼘 밭 햇살에도
내 땀을 풀어서 섞겠습니다.

바람에도
섞겠습니다.
봄 여름 가을 겨울
숨 쉬는 바람
아무리 작디 작은 한가닥 바람에도
내 머리칼을 풀어서 섞겠습니다.

들의 꽃
숲속의 꽃
바위 그늘의 꽃
어린 아기 잠든 손의 작은 꽃에
아무리 작디 작은 한송이 꽃 속에도
내 꿈을 풀어서 섞겠습니다.

* *

그리고 죽겠습니다.

죽어도 사지를 묶여 관 속에 드는 그런 죽음이 아니라
마치 날기라도 하는 것처럼 사지를 쫙 펴고 죽는 죽음
관이 아니라 내 고향 땅 품속에 드는 죽음
극락처럼 편안하고 한(恨)도 없는 화려한 죽음을
죽겠습니다.

—「가서 보고 섞고 죽어 그리고 다시 태어나리」 부분

"아무리 작디작은" 곳이라도 가서 섞고 죽어서 다시 태어난다는 절절함을 위 시는 보여주고 있다. 고향의 강물과 뿌리와 햇살과 바람과

한 송이 꽃과 함께 있음을 희원하는 화자의 바람은, '그리고 죽겠습니다'라는 1줄의 독립된 연에서 절정을 이루고 있다. 이 죽음은 모든 것의 끝으로서의 죽음이 아니다. "이 죽음은 또 다른 세계와의 관계이며, 바로 또 다른 세계 속에 진실의 기원이 있는"[40] 새로운 가능성으로 여는 죽음이다. 말하자면 죽음으로 출발하는 새로운 삶의 개진이다. 현실에 존재함이 없이 존재하고자 하는 결심, 이러한 역설은 그가 시를 쓰는 근원으로 자리잡는다. 이른바 '작가는 죽을 수 있기 위해 글을 쓰기에 전념한다'는 명제이다.

실향의식과 관련지어 논의할 것이 전봉건의 연작시 「6.25」이다. 그의 연작시를 두고 "기계적인 매카니즘의 무자각적인 형식으로 시의 격이 떨어진다"[41]고 평가하거나, 다른 각도에서 '또 6.25인가'라며 회의적인 태도로 작품을 평가하는 것은 지양되어야 한다. 연작시 「6.25」를 피상적인 분단 극복의 의지, 혹은 민족 동질성 회복 정도로 보아서는 안 된다. 그 까닭은 「6.25」의 저변을 이루는 동시에, 전봉건 시의 근원적인 세계관이라고 할 수 있는 생명의식이 근간을 이루고 있기 때문이다.

평안도의 언덕에서는
진달래가 썩고 있었다 삼덕이의 간도
썩고 있었다 경상도의 골짜구니에서는
칠성이의 허파가
썩고 있었다 바위담배풀도 썩고 있었다
황해도의 바닷가에서는 탄실이의 허벅지가 썩고 있었다

---

40) 모리스 블랑쇼, 앞의 책, 125~127쪽.
41) 조영복, 「전봉건 시의 유희 의식과 반복 구조」, 앞의 책, 261쪽.

갯까치수염도 썩고 있었다

강원도의 산꼭대기에서는 바람꽃이 썩고 있었다 갑동이의 염통도 썩고 있었다 함경도의 여울목에서는 큰유리새가 썩고 있었다 순옥이의 젖꼭지도 썩고 있었다

전라도의 들판에서는 갑순이의 궁둥이가 썩고 있었다 땅비둘기도 썩고 있었다

충청도의 갈대숲에서는 개개비가 썩고 있었다 만복이의 창자도 썩고 있었다

-「6.25 · 47」

이 시의 어디에도 마침표가 없으며, 썩은 것만 가득하다. 무차별적으로 온 누리에 걸쳐 썩고 있을 뿐이다. 그것이 평안도이건 경상도이건, 그것이 삼덕이이건, 칠성이건 간에 아무런 의미도 없다, 다만 썩고 있을 뿐이다. "썩고 있다"로 이어지는 이 시를 읽고 있으면 역겹다. 만약 화자가 각각의 죽음을 달리 표현하였거나 별다른 의미를 주기 위해 형상화했다면 그렇게 역겹지는 않을 것이다. 그러나 화자는 '온 누리의 사람과 사물이 죽었다'라는 것에 대한 회한을 절대로 개입하지 않은 채, 모든 대상이 '썩었다'라는 그 자체만으로 존재하게 한다. 여기에는 주체와 객체라는 것도 없으며, 따라서 죽음에 대해 감정을 개입하거나, 심지어 가치를 매기는 것도 절멸되어 있다. 다만 썩은 것과 썩은 것이 주검의 圓舞를 이루고 있을 뿐이다.

우리에게 '6.25'는 무엇인가? 가장 처참하고 비극적인 현실 경험 속에 가장 드높은 꿈이 탄생될 수 있다는 가능태로서 존재해야 한다는 당위성은 차라리 진부하다. 더욱이 흑백의 이데올로기를 앞세워 '왜 민족이 분단되었는가'라는 역사적 인식을 바탕으로 민족의 동질성을 앞

세우고 있다면, 이미 '분단 문학'의 도식적 범주를 크게 벗어나지 못할 것이다.

전봉건이 우리에게 보여주는 '6.25'는 '6.25'에 있었던 사람들과 세계의 모습 그 자체일 뿐이다. 존재론적 체험으로 드러내 보여주는 양상은 실존인데, 그것은 위의 시와 같이 존재의 절멸이거나, 황폐화 그 자체일 뿐이다. 따라서 그가 생각하는 6.25와 그에 따른 분단에 관한 의식은, 생명이 있던 태초의 자리에 생명을, 우주적 질서가 엄존하던 그 자리에 평화를 그대로 있게 하라는 것이다.

아직도
좀 어두운
새벽 풀숲의
풀잎들은 이슬을 달고 있다
그 이슬 한 개가 바람도 없는데 구른다
굴러떨어진 그 이슬 한 개가 소리도 없이 깨진다
햇살하고 몸 섞지도 못하고
그리고 소리도 없이 산산이 부서진다

아직도 좀 어두운
새벽 하늘의 한 귀퉁이가
금가는 듯한 그런 소리가
난 듯했다.

-「6. 25 · 1」

풀잎의 이슬이 이슬 그 자체로 살다가, 햇살하고 몸 섞어 찬란하게 죽었다가, 햇살이 죽으면 다시 이슬로 태어나게 하는 것이 우주적 질서이다. 햇살이 이슬을 죽이기도 하지만, 그 햇살이 강열하고 많으면 많을수록 수많은 이슬이 태어난다는 것은 대립적 관계라기보다 친화로서 형성된 세계의 모습이다. '6.25'는 세계 내에 깃든 순연한 친화성을 거스른 것이다. 인위적인 금을 그어 원수를 만들고, 수많은 단절 속에 증오라는 적대적 감정만을 양산한 폭력의 원천이다. 아울러 6.25는 분단의 금을 긋고, 민족의 가슴에 금을 긋고, 인간의 삶에 금을 그은, 모든 것의 차단인 것이다. 그에게 분단 의식이란 이러한 금긋기와 같은 것이다. 따라서 친화의 세계를 거스르고 인위적으로 금을 그은 인간의 교만함이 자신들을 얼마나 고통스럽게 했는지를 보여주는 자리에 「6.25」 연작시가 있는 것이다.

말하자면 '전쟁과 그로 인한 실향과 분단의 아픔이 과거에 있었고, 미래에 우리에게 있을 수 있는 일이며, 따라서 현재 우리에게 생생하다는' 실존적 인식이 그가 지니고 있는 분단의식인 것이다.

7. 결론

이상 전봉건의 초기시에서 후기시에 이르기까지, 통시적으로는 시적 변용과 심화의 과정을 살펴보았다. 공시적으로는 각 시기별 특징적 면모를 감각적 상상력의 문제, 전장 체험, 환상체험, 에로스체험, 시적 성찰과 이미지의 심화로 나누어 체계화하여, 시사적 위상을 검토하였다. 본고는 공시적으로는 당대의 특징적 면모에 대해 언급하였던 기존의 파편화된 논의를 심화・보완하는 차원에서 이루어졌으며, 통시적으로는 각 시기별 시적 변용과 확대의 연계성 아래, 중요한 텍스트임에도 불구하고 간과된 논의를 지양・극복하는 것을 목표로 하였다.

앞서 논의한 바를 요약하고, 전봉건 시의 시사적 의의를 밝히는 것으로 결론을 삼는다.

전봉건의 초기시에 나타난 감각적 상상력의 시적 양상과 지향점을 살펴본 결과, 언어의 심상과 소리가 시적 바탕을 이루면서, 다음과 같은 특성을 드러내고 있음을 알 수 있다.

첫째, 습작기 전봉건의 시적 감각은 스스로의 심혼을 일깨우는 내면의식에 바탕을 두고 있으며, 시적 정신은 절제된 가운데 움트고 있는 야생의 생명력을 표출한다.

둘째, 더욱이 기존의 관념을 배제하고 선험적 원형으로서 존재에 참여하는 양상을 보이는데, 기존의 정형화된 현실을 영점화한다는 점에서 순수 지향의 시세계를 보여준다.

셋째, 초기시에 나타난 감각적 상상력의 원형은 이미지이다. 외적 현실에서는 허구이지만 시인의 내면 세계에서는 환상을 통해서 본래성으로 형상을 얻으며, 궁극적으로는 황폐화된 현실을 소생케 하는 메시지로서 이미지이다. 특히 시의 소리가 환기하는 운율적 체계가 반복과 변주 속에 박자를 이루고 있다. 이는 1960년대 쓰여진 『춘향연가』라는 작품에서 '멜로디가 이루는 음악적 시'라는 형태로 완성되어 우리 시사에 있어 장시의 한 가능성으로서 전형을 이룬다.

1950년대 쓰여진 전장 체험시와 전후에 추구했던 이미지의 세계를 통해 본 그의 문학적 상상력의 바탕과 시적 세계관은 다음과 같다.

첫째, 전봉건의 전장 체험시에 대해 다수의 연구자들이 실존적 의지에다 초점을 두고 논의한 바와는 달리, 본고는 전쟁의 실체와 본질에 근접하고자 하였다. 말하자면 폭력적 세계에 내던져진 인간의 무력함과 삶의 본능이라는 실체를 진솔하게 보여준 데에 그의 전장 체험시의 시적 의의가 있다는 점이다. 이 점에서 전장 체험의 감정적 과잉으로 훤소한 발언만을 앞세운 여타의 전장 체험시와는 뚜렷이 변별되어야 한다.

둘째, 전후 그의 시적 지향은 자신과 모든 인간들에게 삶의 이유와 가치를 부여하는 것으로서 의미를 갖는다. 죽음과 허무 속에 생명이 유기된 시대의 어둠에서 자신을 살리고, 무의미하게 내던져진 죽은 이들을 살리는 길은 지금 여기에 살고 있는 이들의 삶의 가치를 회복하는 길이며, 그것이 곧 '절망의 극복으로서 구원'이라는 소명의식으로서 시의 길이 되고 있다.

셋째, 전봉건의 시가 궁극적으로 지향하는 세계는 사랑과 소생의 생명의식이다. 어둠과 주검의 표상인 흙, 이른바 타나토스적 세계에 들어가, 그 흙이 삶의 에로스적 욕망을 환기하는 항아리의 질료로서 거듭나는 인식에 자리잡고 있다. 죽은 자의 피와 살이 썩어서 아름다운 꽃을 피우고, 죽음과 고통, 살아있음의 환희가 통합된 자리에서 영근 눈물은 짐승과 같은 인간의 폭력성을 정화하는 동시에 소생을 위한 씨앗이 된다. 요컨대 내면화된 비극으로서의 전장 체험을 삶의 의미로 승화시키는 시적 태도에 1950년대 시가 있다.

전봉건 스스로가 야생 그 자체가 되겠다는 시적 정신 아래, 새로운 시적 실험과 시도라는 의욕을 갖고 전개했던 1960년대 시를 '현실의 굴절로서 꿈과 환상'이라는 표제로 묶어서 살펴보았다. 시적 이미지로 환기되는 환상은 현실과 단절된 것이 아니라, 현실과 환상이 넘나드는 자리에 자체적으로 수렴되고 있음을 알 수 있었다. 환상 속에 삶이 있을 때 현실의 삶은 아름다우며, 환상에 대한 놀라움과 새로움의 발견으로 현실의 삶을 알차게 생성할 수 있다는 신념에 바탕을 두고 있는 것이다. 고찰한 결과, 다음과 같다.

첫째, 김수영은 1960년대 쓰여진 전봉건의 시가 사상과 내용이 충일하지 않은 기교주의자의 포즈이며, 실험을 앞세운 방황이라고 폄하한다. 그러나 전봉건의 시도는 비논리에 기초한 시의 독자성을 강조하고 이미지의 변주를 실험한 것으로 보아야 한다. 당대의 현실을 비논리의 논리가 지배하는 역설의 시대로 파악하고, 스스로의 정체성을 확보하기 위한 노력으로 인정되어야 한다. 말하자면 김현이 보고 있는 바와 같이, 마력과 반항에 역점을 두고 있는 언어파 시인 중의 한사람이 전봉건이었으며, 삶의 추구인 동시에 기법의 추구인 시적 시도가 간과되어서는 안될 것이다.

둘째, 1960년대 초 그의 시의 두드러진 시적 경향인 환상시가 공소한 이상성에 머무르지 않은 까닭도 여기에 있다. 현실에 대한 환상과, 환상에 대한 현실이 대립 · 지양하는 가운데 통합하는 변증법적 체계를 기초로 하고 있기 때문이다. 이는 환상이라는 이름으로 행해지는 현실의 상처와 치유라는 시적 의미를 갖고 있다.

셋째, 1950년대 시적 이미지가 무질서와 혼돈을 극복하여 내적 질서와 초월적 생명력을 희구하는 것이라면, 1960년대 쓰여진 연작시 「속의 바다」는 오히려 현상으로서 무질서의 세계에 들어가 광포한 죽음과 전장과 욕망이 혼효된 상태에서 죽음과 삶을 화해시키는 생명 그 자체가 되겠다는 시적 의도에서 쓰여진 것이다. 생명의 원형질로서의 몽환인 셈이다.

전봉건 시의 미학적 바탕이자 그의 시적 세계관의 원류인 에로스 체험을 『춘향연가』를 중심으로 살펴보았다.

첫째, 전봉건 시의 주류를 이루고 있는 것은 사물들이 꿈꾸는 세계와 살아 있음의 에로스적 욕망이다. 그것은 역동적 상상력과 에로스적 교감과 밀도로 형상화되는데, 이에 대해 전봉건은 "우주와의 일체화"라고 명명하였다.

둘째, 장시 『춘향연가』는 죽음에 직면한 에로스적 상상력으로서 광휘를 발하고 있는 작품이다. 죽음의 절정에서 초극하여 건너다 본 환희와 생명의 이중주는 열녀로서 화석화하는 '춘향'에 대한 기성관념을 지양하여, 에로스적 상승으로 순연한 '춘향'의 실체를 드러냈다는 점에서 의의가 있다.

셋째, 장시 『춘향연가』는 서정적이고 극적인 장르적 특성을 통합한 우리 시사에 보기 드문 장시 형태의 노래시이다. 멜로디 체계를 바탕으로 전개하고 있는 음악으로서의 시의 성격은 우리 장시의 가능성으로서 자리매김되어야 한다. 이는 혼의 전일성으로서 시적 의미를 갖는 동시에, 리듬이 살아있음으로서 육체를 약동하게 하고, 영혼의 세계를 불러일으키는 생명의 원천으로서 에로스 체험의 기저를 형성하고 있다. 이에 대한 논의를 전개하는 과정에서, 우리의 운율 체계도 통사적 국면에서 하나의 행이 이루는 분할적 낭송체계로 확대・적용해야 할 것을 시사하였다.

1970년대와 1980년대를 관류하는 전봉건의 시세계를 '시의 말'에 대한 성찰과 이미지의 심화면에서 살펴보았다. 시의식의 지향점을 쫓아 존재의 顯現으로서 시적 세계를 고찰하였다.

첫째, 연작시 「마카로니 웨스턴」을 비롯한 1970년대 시는 '시의 진정한 말이 무엇이어야 하는가'라는 시적 성찰을 문제로 삼아 쓰여졌다. 그가 생각하는 '시의 말'은 꿈의 말, 아픔의 말이며, 죽음을 되살리는 길이 진정한 삶을 되살리는 길이라는 역설 속에 그의 시 정신으로 수렴되고 있다.

둘째, 시의 표상 속에 심혼의 세계와 합일함으로써 엮어낸 「근작 삼편」은 절창에 가깝다. 보이지 않는 밝음을 꿈꾸는 시적 상상력과, 가시적인 세계는 허상이며 눈을 감아야 진정한 존재와 조우할 수 있다는 시적 세계는 이미지 시인으로서 전봉건의 시적 완성도를 높여주고 있다.

셋째, 내면적인 자기 성찰과 성숙된 인식을 바탕으로 펼치는 1980년대 시는, 현실의 고통스러움을 감내하는 스스로의 존재 인식과 더불어, 과거와 현재와 미래를 통합하는 실존적 역사성 아래, 연작시 「돌」로 형상화된다. 그것은 어둠 같은 '돌'이 물에 씻겨져 더 짙은 어둠을 만나고, 역설적으로 그 어둠에서 형상을 찾는 행위로서의 '水石'이다. 더욱이 돌은 거듭나기의 양식을 통해 날아오르는 새로 변용되어 상승의 열락을 꿈꾸기도 하며, 심지어 스스로의 형체를 해체하고 소리로 존재하여, 있으면서 없고 없으면서 있는 자리에서, 모든 경계를 허물어 버린다. 그의 시혼이 예사롭지 않음은 여기에 있다. 억지로 자신의 허욕으로 세상의 모습을 규정하거나 바라보는 일 없이, 스스로를 비우고 그 자리에 세계의 모습이 채워지거나, 혹은 빈 상태로 있거나 하는 것이다. 진정한 이미지 세계에 도달한 것이다.

넷째, 만년에 월남 시인으로서 토로한 실향 의식의 시는 이른바 '작가는 죽을 수 있기 위해서 글을 쓴다'라는 명제를 떠올릴 만큼 절절하다. 아울러 그의 분단의식은 '전쟁과 그로 인한 분단의 아픔이 과거에 있었고, 미래에도 있을 수 있는 일이며, 따라서 현재 우리에게 더욱 생생하다'는 실존적 인식과 생명을 가진 모든 존재의 가치로움으로 수렴된다.

이상 논의를 바탕으로 본 그의 시적 의의는 다음과 같다.

하나는, 시의 본령이라고 할 수 있는 이미지를 전 생애에 걸쳐 심화·확대한 시인이라는 점이다. 초기에는 관념을 바탕으로 한 이미지의 시적 패턴을 보이기도 하지만, 후기의 시적 성숙에 이르러서는 관념을 배제한 시의 이미지가 갖는 시적 가능성을 열어 준 시인이다.

민요의 정감적 소리 체계를 현대화하는 데 이바지했던 시인이 김소월이라면, 이를 청각적 이미지의 새로운 장으로 펼친 시인은 김영랑이다. 또한 회화적 이미지의 전경화로 새로운 시적 형상화를 제시한 시인으로 김광균을 꼽을 수 있다면, 소리와 영상으로서의 이미지를 총체화하는 것과, 심지어 이미지 자체도 해체시켜야 진정한 이미지에 든다는 가능성을 열어준 시인이 바로 전봉건인 것이다.

다른 하나는 그의 시정신이다. 그의 시의 원형은 '생명'에 있다. 초기시에서 절제된 가운데 움트고 있는 야생의 생명력을 표출하는 것을 출발점으로 하여, 전장 체험시에 있어서는 인간의 무력함과 삶의 본능을 진솔하게 드러냄으로써 인간 생명의 가치로움이 갖는 진정한 의미에 접근하였다. 전쟁 후 타나토스적 세계에 대한 에로스적 욕망을 내면화 하였으며, 생명의 원형질로서 몽환에 깃드는 시적 시도와 실험을 거쳐, 사물들이 꿈꾸는 세계와 살아있음의 에로스적 욕망을 교감의 이미지로 실현하였다. 1970년대 그가 생각했던 진정한 '시의 말'이라는 것도 진정한 삶을 되살리는 길에 대한 성찰이었으며, 보이지 않지만 보이는 세계에 혼이 깃들어 있다는 1980년대의 인식도 생명의식의 연장이다.

그는 '이미지' 시인이며, 동시에 '생명'의 시인이다. 이러한 점을 바탕으로 그의 시적 성과를 우리 시에 수렴하면서, 현대시의 시적 자장을 넓히고, 시적 장력을 확보해 가는 길은 모두에게 남겨진 과제가 될 것이다.

참고 문헌

1. 기본 자료

전봉건, 『사랑을 위한 되풀이』, 春潮社, 1959.
———, 『춘향연가』, 成文閣, 1967.
———, 『속의 바다』, 文苑社, 1970.
———, 『피리』, 文學藝術社, 1979.
———, 『北의 고향』, 明知社, 1982.
———, 『돌』, 現代文學社, 1984.
———, 『꿈속의 뼈』, 槿域書齋, 1980.
———, 『새들에게』, 高麗苑, 1983.
———, 『全鳳健 詩選』, 探求堂, 1985.
———, 『사랑을 위한 되풀이』, 혜진서관, 1985.
———, 『트럼펫 천사』, 語文閣, 1986.
———, 『아지랑이 그리고 아픔』, 惠園出版社, 1987.
———, 『기다리기』, 文學思想社, 1987.
———, 시론집 『시를 찾아서』, 靑雲出版社, 1961.
———, 산문집 『플루트와 갈매기』, 語文閣, 1986.
김종삼 · 김광림 · 전봉건, 『戰爭과 音樂과 希望과』, 自由世界社, 1957.
전봉건 대표저자, 『新風土』, 백자사, 1959.
현대문학사 편, 『推薦詩集』, 現代文學社, 1958.
박인환 외 다수, 『韓國戰後問題詩集』, 新丘文化社, 1961.
기타 『戰線文學』, 1953.
전봉건, 「음악의 의미」, 『신천지』 1954. 7.
———, 「시와 거짓말」, 『문예』 1960. 6.
———, 「시인과 독자의광장」, 『자유문학』 1957. 9.
———, 「시와 거짓말」, 『문예』 1960. 6.
———, 「사기론-김수영 시인에 부쳐」, 『세대』 1965. 2.
———, 「생것과 바다와 소녀의 연상」, 『차 한잔의 시상』, 태창출판부, 1978.
———, 「하아프를 잃어버린 올페우스」, 『세대』 1964. 3.

———, 「메모-나의 시, 나의 시론」, 『문학정신』 1987. 3.
———, 「환상과 상처」, 『세대』 1964. 11.
———, 「전봉건의 아포리즘」, 『현대시학』 1988. 8.
———, 「대작들과 일품들」, 『월간문학』 1973. 12.
———, 「꿈의 말, 아픔의 말」, 『피리-서문』, 문학예술사, 1979.
———, 「단상」, 『전봉건 시선』, 탐구당. 1985.

<전봉건과 이승훈의 대담 · 기타>
「72년의 시」, 『현대시학』 1973. 1.
「시의 현대성과 비평」, 『현대시학』 1973. 2.
「시의 인식, 존재」, 『현대시학』 1973. 3.
「시에 이르려는 기원」, 『현대시학』 1973. 6.
「김종삼과 밧하와 이상」, 『현대시학』 1973. 7.
「쓰여지는 일이 없는 시」, 『현대시학』 1973. 8.
「시와 에로스」, 『현대시학』 1973. 9.
「속 · 시와 에로스」, 『현대시학』 1973. 10.
「김춘수의 허무 또는 영원」, 『현대시학』 1973. 11.
「시와 산문성과 지성」, 『현대시학』 1973. 12.
전봉건 · 박정만 대담, 「나의 문학 나의 시작법」, 『현대문학』 1983. 4.

2. 잡지 및 논문

김 현, 「전봉건에 관한 두 개의 글」, 『책읽기의 괴로움』, 민음사, 1984.
———, 「전봉건을 찾아서」, 『시인을 찾아서』, 김현문학전집 3, 문학과지성사, 1995.
———, 「종다리의 시학」, 『현대시학』 1980. 6.
김경복, 「한국 현대시의 설화 수용 의미」, 현대시학회 편, 『한국 서술시의 시학』, 태학사, 1998.
김광림, 「절대 평화주의자 전봉건 시인」, 『현대시학』 1988. 8.
김수영, 「난해의 장막-1964년의 시」, 『김수영 전집 2』, 민음사, 1981.

———, 「문맥을 모르는 시인들」, 『김수영 전집 2』, 민음사, 1981.
김여정, 「전봉건의 「북.6」」, 『심상』 1975. 1.
김윤식, 「전쟁과 삶의 방식」, 『한국현대문학사』, 일지사, 1985.
김재혁, 「릴케 연구」 『릴케-영혼의 모험가』, 책세상, 1997.
김재홍, 「전후 서정의 향방」, 『한국전쟁과 현대시의 응전력』, 평민서당, 1978.
김종길, 「한국에 있어서의 장시의 가능성」, 『문화비평』 1969년 여름호.
김주연, 「1945년 이후 시인 개관」, 『현대한국문학의 이론』, 민음사, 1972.
김준오, 「전달의 미학과 장시의 연희화」, 『문예중앙』 1986년 여름.
———, 「현상학적 비평의 수용과 문제점」, 『문학과 비평』 1989년 겨울.
김춘수, 「전후 십오년의 한국시」, 『한국전후문제시집』, 신구문화사, 1957.
김흥규, 「춘향, 千의 얼굴」, 『현대시학』 1971. 4.
류경동, 「전봉건 시연구-상승 이미지를 중심으로」, 고려대 석사논문, 1995.
문해경, 「전봉건의 시연구」, 경희대 석사논문, 1995.
민병욱, 「전봉건의 서사정신과 서사갈래체계」, 『현대시학』 1985. 2-4.
민희식, 「프랑스 시에 나타난 에로티즘」, 『현대시학』 1974. 10.
박민영, 「6.25와 북의 고향, 상실의 시적 극복」, 『현대시학』 1993. 6.
———, 「전봉건 시에 나타난 꽃과 피의 변증법」, 『현대시학』 1990. 6.
———, 「전봉건 시에 나타난 불 이미지의 변용 연구」, 이화여대 석사논문, 1990.
박석기, 「이런 전봉건론」, 『현대시학』 1971. 3.
박주현, 「전봉건 시의 역동적 상상력 연구」, 서울대 석사논문, 1997. 8.
신동욱, 「전봉건론」, 『현대문학』 1980. 9.
———, 「전봉건의 부드러움과 엄정한 눈」, 『소설문학』 1981. 1.
엄선애, 「오 이것은 존재치 않는 동물」, 『독일문학』 41집, 1988.
염무웅, 「서사시의 가능성과 문제점」, 『한국문학의 현단계 1』, 창작과 비평사, 1982.
오세영, 「장시의 개념과 가능성」, 『상상력과 논리』, 민음사, 1991.
———, 「장시의 다양성과 가능성」, 『현대시학』 1988. 8.
———, 「한국전쟁문학론」, 『한국근대문학론과 근대시』, 민음사, 1996.
유정이, 「한국 전후 모더니즘 시 연구」, 동국대 박사논문, 2008.
윤재근, 「황홀한 체험-전봉건의 시집 『돌』 중심으로」, 『현대문학』 1984. 12.

이경수, 「없음을 통한 있음의 시세계」, 『피리』, 문학예술사, 1979.

이광호, 「폐허의 형식과 관능의 형식」, 송하춘·이남호 편, 『1950년대의 시인들』, 나남, 1994.

이명희, 「전봉건 시에 나타난 에로스적 상상력과 고향의식」, 정창범 편, 『전후시대 우리 문학의 새로운 인식』, 박이정, 1997. 8.

이승훈, 「6.25체험의 시적 극복」, 『문학사상』 1988. 8.

———, 「전봉건의 상처」, 『현대문학』 1986. 6.

———, 「추락과 상승의 시학」, 『새들에게』, 고려원, 1983.

———, 「히메로스와 페이소스」, 『현대시학』 1974. 10.

이어령, 「전후시에 대한 노트 두장」, 『한국전후문제시집』, 신구문화사, 1957.

이영걸, 「전봉건의 시집 『꿈속의 뼈』」, 『한국문학』 1980. 4.

———, 「진실과 표현-전봉건의 시집 『북의 고향』」, 『현대시학』 1982. 11.

이형기, 「어둠속을 나는 꿈의 새」, 『기다리기』, 문학사상, 1987.

정의홍, 「전봉건의 근작 삼편」, 『월간문학』 1979. 8.

조영복, 「1950년대 모더니즘 시에 있어서 「내적체험」의 기호화 연구」, 서울대 석사논문, 1992.

———, 「전봉건 시의 유희의식과 반복 구조」, 『한국 모더니즘 문학의 근대성과 일상성』, 다운샘, 1997.

조정권, 「하프를 잃어버린 올페우스」, 『트럼펫천사』, 어문각, 1986.

조창환, 「돌과 자아 정화 체험- 전봉건의 시집 『돌』에 대하여」, 『현대문학』 1985. 4.

차한수, 「상실의식과 탐구정신-6.25연작시를 중심으로」, 『현대시학』 1989.6.

최동호, 「실존하는 삶의 역사성」, 『아지랑이 그리고 아픔』, 혜원출판사, 1984.

최두석, 「현대성론과 참여시론-김수영의 시론」, 한계전 외, 『한국 현대시론사 연구』, 문학과지성사, 1998.

최원규, 「전봉건의 「말」 5편」, 『현대문학』 1974. 4.

하현식, 「말과 고절」, 『현대시학』 1988. 8.

———, 「사유와 직관의 원근법」, 『현대시학』 1985. 3.

홍신선, 「꽃, 혹은 생명에의 원초적인 집착」, 『현대시학』 1974. 5.

황병하, 「환상문학과 한국문학」, 『세계의 문학』 1997년 여름호.

3. 국내 단행본

고 은, 『1950년대』, 청하, 1989.
곽광수, 『가스통 바슐라르』, 민음사, 1995.
―――, 『문학, 사랑, 가난』, 민음사, 1978.
김 현, 『시인을 찾아서』(3판), 김현문학전집 3, 문학과지성사, 1995.
―――, 『상상력과 인간』, 일지사, 1973.
―――, 『행복의 시학』, 민음사, 1978.
――― 편, 『장르의 이론』, 문학과지성사, 1987.
김병익, 『한국문단사』, 일지사, 1973.
김붕구, 『보들레에르』(12판), 문학과지성사, 1988.
김영민, 『현상학과 시간』, 까치, 1994.
김우창, 『궁핍한 시대의 시인』(2판), 민음사, 1982.
김재홍, 『현대시와 열린 정신』, 종로서적, 1987.
―――, 『한국전쟁과 현대시의 응전력』, 평민사, 1978.
김종길, 『시를 어떻게 읽을 것인가』, 고려대출판부, 1998.
문혜원, 『한국 현대시와 모더니즘』, 신구문화사, 1996.
민병욱, 『한국 서사시와 서사 시인 연구』, 태학사, 1998.
박이문, 『시와 과학』(중판), 일조각, 1990.
박이문 외, 『현상학』, 고려원, 1992.
송 욱, 『문학평전』(중판), 일조각, 1984.
오세영, 『한국 현대시의 행방』, 종로서적, 1988.
이기상, 『하이데거의 실존과 언어』, 문예출판사, 1991.
―――, 『하이데거의 존재와 현상』, 문예출판사, 1992.
이정호, 『영시 새로 읽기』, 서울대출판부, 1998.
임문혁, 『한국 현대시와 설화』, 계명문화사, 1996.
정진홍, 『한국종교문화의 전개』, 집문당, 1986.
진교훈, 『철학적 인간학 연구 1』(2판), 경문사, 1986.
최기숙, 『환상』, 연세대학교출판부, 2003.
최동호, 『평정의 시학을 위하여』, 민음사, 1991.
최동호 유종호 편저, 『시를 어떻게 볼 것인가』, 현대문학, 1995.

한국현상학회 편, 『현상학이란 무엇인가』, 심설당, 1983.

4. 번역서와 국외 논저

Abrams M. H., *The mirror and the Lamp*(Oxford Univ. press, 1953)
Bachelard G., 『물과 꿈』, 이가림 역, 문예출판사, 1980.
―――――, 『공기와 꿈』, 정영란 역, 민음사, 1993.
Bataille G., 『에로티즘』, 조한경 역, 민음사, 1996.
Blanchot M., 『문학의 공간』, 박혜영 역, 책세상, 1990.
Bollnow O. H., 『실존철학이란 무엇인가』, 최동희 역, 서문당, 1972.
Breton A., 『쉬르레알리즘 선언』, 송재영 역, 성문각, 1978.
Brooks C. & Warren R. P., *Understanding Poetry*(Holt. Rinehart Winston Inc. 1990)
Dufrenne M., 『미적체험의 현상학』, 김채현 역, 이화여대출판부, 1991.
Durand G., 『상징적 상상력』, 진형준 역, 문학과지성사, 1983.
Eagleton T., 『문학이론 입문』, 김명환・정남영・장남수 공역, 창작사, 1986.
Easthope A., *Poetry and Phantasy*(Cambridge Univ. press, 1989)
―――――, 『시와 담론』, 박인기 역 , 지식산업사, 1994.
Freud. S., 『쾌락원칙을 넘어서』, 박찬부 역, 열린책들, 1997.
Friedrich H., 『현대시의 구조』, 장희창 역, 한길사, 1996.
Frye. N., 『T. S. 엘리엇의 시세계』, 홍윤기 역, 명문당, 1991.
Guerin W. L. et al, 『문학의 이해와 비평』, 정재완・김성곤 공역, 청록출판사, 1978.
Hegel. G. W. F., 『헤겔시학』(3판), 최동호 역, 열음사, 1993.
Hernadi P., 『장르론』, 김준오 역, 문장, 1983.
Jackson R., 『환상성-전복의 문학』, 서강여성문학연구회 역, 문학동네, 2001.
Jaspers K., 『비극론』, 신일철 역, 신조문화사, 1973.
Klisteva J., 『사랑의 역사』, 김영 역, 민음사, 1996.
―――-, 『언어, 그 미지의 것』, 김인환・이수미 공역, 민음사, 1997.
Kuhns R., *Literature and Philosophy*(Routledge & Kegan Paul, 1970)
Lamping D., 『서정시 : 이론과 역사』, 장영태 역, 문학과지성사, 1994.

Lawall S. N., *Critics of Consciousness*(Harvard Univ. press, 1968)
Leppmann W., 『릴케-영혼의 모험가』, 김재혁 역, 책세상, 1997.
Levi-Strauss C., 『레비스트로스의 미학 에세이』, 윤학로 역, 동아출판사, 1994.
Levinas E., 『시간과 타자』, 강영안 역, 문예출판사, 1996.
Lundkvist A., 『꿈과 상상의 여행』, 이희재 역, 고려원, 1993.
Grisebach M., 『문학연구의 방법론』, 장영태 역, 홍성사, 1982.
Marcuse H., 『에로스와 문명』(2판), 김인환 역, 나남출판, 1996.
Magliola R., 『현상학과 문학』, 최상규 역, 대방출판사, 1986.
Machlis J. & Forney K., 『음악의 즐거움』, 신금선 역, 이화여대출판부, 1997.
Miller J., 『미셸 푸코의 수난』, 김부용 역, 인간사랑, 1995.
Paz O., 『활과 리라』, 김홍근, 김은중 공역, 솔, 1998.
Poulet G., 『비평과 의식』, 조한경 역, 탐구당, 1990.
Raymond M., 『프랑스 현대 시사』, 김화영 역, 문학과지성사, 1983.
Richard J. P., 『프랑시스 뽕쥬』, 이기언 역, 『현대시세계』 1988년 겨울.
Rilke R. M., 『기도시집』, 김재혁 역, 세계사, 1992.
Rousselot J., 『프랑스 시 역사』, 김용민 역, 고려원, 1997.
Sartre J. P., 『존재와 무』(17판), 양원달 역, 을유문화사, 1981.
————, 『상상하는 의식과 예술』, 이규현 역, 장경렬 외, 『상상력이란 무엇인가』, 살림, 1997
————, 『침묵하는 공화국』,천이두 역, 일월서각, 1982.
Stein L., 『음악 형식의 분석 연구』, 박재열, 이영조 공역, 세광음악출판사, 10판, 1991.
Waldmann G., 『독일 서정시 입문』, 채연숙 역, 담론사, 1997.
Zimmermann F., 『실존철학』, 이기상 역, 서광사, 1987.
김동성 역, 『莊子』(13판), 을유문화사, 1971.
김진국 편역, 『문학현상학의 이론과 실제』, 명진사, 1980
박인기 편역, 『현대시의 이론』, 지식산업사, 1989.
한기찬 역, 『러시아 형식주의 문학이론』, 월인재, 1980.

이성모 李成模

경남 마산에서 태어나 경남대학교 사범대학 국어교육과를 졸업했다. 부산대학교 대학원 문학석사, 경남대학교 대학원에서 문학박사 학위를 받았다. 현재 마산대학에서 교수로 재직중이다.

『시와 비평』지 발행인을 거쳐, 한국시학회와 (사)시사랑문화인협의회 이사, 한글학회 경남지회 부회장, 진해시김달진문학관장

전봉건 시 연구

초판 1쇄 인쇄 • 2009년 4월 13일
초판 1쇄 발행 • 2009년 4월 20일
지은이 • 이 성 모
펴낸이 • 박 성 복
펴낸곳 • 도서출판 月印
서울특별시 강북구 흰구름길 19-3(수유2동 252-9)
등록 • 제6-0364호 / **등록일** • 1998년 5월 4일
대표전화 • 02) 912-5000 / **팩스** • 02) 900-5036
http://www.worin.net

ISBN 978-89-8477-428-5 93810

값 15,000원